# N'OUBLIONS PAS LA PROPHÉTIE

*Ainsi vivait
Dom Helder Camara*

D1674162

Marcelo BARROS
*Traduit du portugais (Brésil) par Marie-Jo Hazard*

Siloë éditions

*Les notes en chiffres arabes, en fin de chapitre, sont celles de l'ouvrage original en brésilien.*

*Les notes avec des astérisques, en bas de page, sont celles de la traductrice.*

# PRÉSENTATIONS

La prophétie, ce peut être une vision, ou une parole, ou une action, ou une vie. En Dom Helder Camara, elle était tout cela à la fois. Un homme vraiment extraordinaire.

Mystique et politique. Fidèle et rebelle. Combatif et non violent. Brésilien et citoyen du monde. Poète et diplomate. Fragile et infatigable. Actif de jour, veilleur de nuit. À l'aise avec les plus grands comme avec les plus petits, sous les spots de la scène et de la télévision comme dans l'ombre des coulisses. Applaudi et haï, honoré et persécuté. Croyant en l'homme autant qu'en Dieu. Fils de l'Église et frère des hommes, surtout...

On pourrait continuer. « Dom Helder était tout, il était l'unité des contraires », a écrit l'un de ses proches, Joseph Comblin. Le témoignage qu'en rapporte Marcelo Barros donne vie à cet étonnant personnage.

Mondialement connu dans les années 1960-1980, le nom même de Dom (en France on dirait monseigneur) Helder (c'était son prénom) Camara (patronyme) ne dit sans doute rien aux plus jeunes générations. Comme c'est à celles-ci que l'auteur de ce livre souhaite transmettre l'héritage de ce « prophète pour le XXIe siècle », un minimum de présentation s'impose.

Dom Helder était Brésilien, et Brésilien des rudes États du nord-est, le Ceará et le Pernambouc : il est né en 1909 à Fortaleza et il est mort à Recife en 1999. Il a été ordonné prêtre très jeune, à vingt-deux ans, en 1931, et aussitôt engagé par son évêque dans l'action publique, sociale et politique. Accueilli en 1936 par l'archevêque de la capitale fédérale Rio de Janeiro, il est pendant dix ans fonctionnaire au ministère de l'Éducation, « prisonnier, écrit-il, des eaux stagnantes d'une place anonyme qui n'arrive même pas à être un emploi ecclésiastique ». C'est pour lui un temps fort de maturation intellectuelle, spirituelle et apostolique, en relation active avec des jeunes. C'est avec ces jeunes que, quand il se voit chargé de l'Action catholique nationale, il travaille à mettre l'Église à l'heure de l'histoire. Notamment avec la création d'une Conférence nationale des évêques, puis d'une Conférence continentale. Notamment aussi en concertant avec les pouvoirs politiques des initiatives conjointes pour résoudre les énormes problèmes sociaux par des réformes de base, le développement économique et l'éducation populaire. À la fois vedette de la radio et interlocuteur privilégié des autorités publiques et du représentant du pape au Brésil, il est nommé archevêque auxiliaire de Rio en 1955.

À ce titre, il participe, de 1962 à 1965, au concile Vatican II de l'Église catholique. Il n'y a jamais pris la parole. Les talents de « conscientiseur » et d'organisateur qu'il y a déployés dans les coulisses sont cependant aujourd'hui bien connus. Et la façon qu'il a eue d'aider « la marche des idées » à travers les médias a commencé à donner à son engagement pour une Église « servante et pauvre » une portée internationale.

En 1964, Dom Helder doit quitter Rio de Janeiro. Il est mis en minorité dans la Conférence des évêques. Retour au Nord-Est : il est nommé archevêque de Recife.

Au même moment, les militaires prennent le pouvoir au Brésil. On est en pleine guerre froide. Depuis la révolution castriste à Cuba, les États-Unis d'Amérique voient l'ennemi communiste à leur porte. Les militaires sont chargés de prévenir les risques de contagion en jugulant les idées et les mouvements dits « progressistes ». La dictature s'y emploiera pendant vingt ans. Dans l'Église divisée, des voix se font entendre qui s'élèvent contre les répressions et exactions arbitraires. Parce qu'elle a la plus forte audience populaire et internationale, parce qu'elle appelle à une résistance non violente aux injustices, la voix de Dom Helder est censurée. Trois ans de suite, les généraux font pression pour que le prix Nobel de la paix ne lui soit pas décerné. Alors, Dom Helder répond aux invitations qui lui sont adressées du Japon aux États-Unis, en passant par la France où il dénoncera en 1970, devant 10 000 personnes au Palais des sports de Paris, l'usage de la torture. Il refuse de se taire. « Quelles qu'en soient les conséquences » : et celles-ci ont été lourdes.

Marcelo Barros dit bien comment Dom Helder a vécu à Recife sa vision de l'Église et sa fonction d'évêque jusqu'à sa retraite en 1985. Une retraite douloureuse et à nouveau silencieuse à l'épreuve des (ou « face aux ») désaveux qu'il pouvait voir dans les « restaurations » de l'ordre romain mises en œuvre par son successeur.


Marcelo Barros est un moine et écrivain brésilien. Moine du monastère de l'Annonciation du Seigneur à Goiás, dédié principalement au travail pour l'unité des Églises. Écrivain, auteur d'une trentaine d'ouvrages, dont trois romans.

Ce livre-ci n'est ni un roman ni un traité ou essai ; il se défend d'être une biographie ; il est bien un témoignage.

Le témoignage de quelqu'un qui n'a pas cherché Dom Helder mais a été appelé par lui ; qui n'était pas un familier, mais un collaborateur ; qui n'était pas préparé à penser comme lui ; qui n'a pas été toujours d'accord ni convaincu ; qui ne dit pas avoir été séduit, mais toujours davantage étonné, au sens fort du terme ; qui a reçu et gardé l'empreinte d'un prophète ; qui ne cherche pas à en sacraliser la mémoire ; qui veut seulement la passer en héritage à ceux qui sont en quête de ressources pour penser et faire l'avenir.

Dans l'avant-propos de l'édition brésilienne, Marcelo Barros écrit : « Je n'ai jamais fait partie du cercle le plus intime du Dom, bien que, pendant quelques années, je l'aie rencontré pratiquement chaque semaine. Nous avons vécu ensemble des moments denses et intenses du cheminement ecclésial et politique de ces années. Nous avons été partenaires de quelques aventures comme d'aller voir des films ensemble, d'aller visiter ensemble une communauté de paysans persécutés, ou d'aller à un culte afro-brésilien. D'autres ont vécu, beaucoup plus que moi, des expériences uniques avec lui. Peut-être que certains des épisodes que je raconte ici pourraient avoir une autre version ou ne pas être conformes à tout ce que j'en dis. J'imagine que tel ou tel peut même aller jusqu'à penser que j'ai inventé l'un ou l'autre épisode. Quelqu'un m'a dit que, trois semaines avant sa mort, Dom Helder n'avait plus assez de lucidité pour me dire : "Ne laisse pas tomber la prophétie…" Je conviens qu'il m'a semblé entendre le murmure de quelqu'un qui sortait du tunnel et y retournait aussitôt après. Si ce fut de ma part une hallucination, c'est un fait que cette lubie (ou "ce rêve") m'a nourri très fortement dès le premier moment et jusqu'à aujourd'hui… »

Puisse-t-il en être de même pour vous, lecteurs !

José DE BROUCKER[*]

---

[*] Président de l'association « Dom Helder – Mémoire et actualité », 14 bis rue Faidherbe, 59200 Tourcoing – Tél. 03 20 26 19 93 – Email : domhelder@wanadoo.fr

*Je dédie ce livre à quatre évêques\* qui,*
*sur le même chemin spirituel et humain*
*que Dom Helder, ont toujours su*
*faire de leur manière de vivre la foi et de leur tâche*
*de pasteurs un don particulier de l'amour divin*
*et, ainsi, ont apporté une contribution indicible*
*à la cause de la transformation du monde et à la paix.*

*À Dom José Maria Pires, Dom Tomas Balduíno*
*et Dom Pedro Casaldáliga.*

*Et, aussi, au pasteur et prophète*
*des Églises d'Amérique latine,*
*le révérend Frederico Pagura,*
*évêque de l'Église méthodiste d'Argentine.*

*J'offre encore ce travail*
*aux compagnons et aux compagnes*
*de l'Institut Dom Helder Camara.*

## NOTE DE LA TRADUCTRICE

* Trois évêques catholiques brésiliens : Dom José Maria Pires, évêque émérite de João Pessoa, premier évêque noir du Brésil, surnommé Dom Pelé (du nom du célèbre joueur de football), ou encore Dom Zumbi (Zumbi fut l'un des héros des luttes de libération des esclaves) ; Dom Tomas Balduíno, évêque émérite de Goiás, présida la Commission de la pastorale de la terre (CPT) des évêques du Brésil qui défend la cause des paysans sans terre ; Dom Pedro Casaldáliga, évêque de São Felix de Araguaia, en Amazonie, est un ardent défenseur de la cause des Indiens et sa tête a été plusieurs fois mise à prix par des grands propriétaires terriens. Quant au révérend Federico Pagura, évêque méthodiste argentin, coprésident du Mouvement œcuménique pour les droits humains en Argentine, il a toujours pris le parti des pauvres et des exclus. Ces quatre évêques à qui Marcelo Barros dédie son livre sont de la lignée de ceux qui, comme Dom Helder Camara, pensent que l'Évangile implique « l'option préférentielle pour les pauvres ». Évêques, prêtres, religieux et religieuses, laïcs hommes et femmes, ils ont été nombreux, les prophètes qui ont surgi à cette époque : Dom Helder Camara était l'un d'eux.

*L'espérance sans risque*
*ce n'est pas l'espérance...*
*L'espérance,*
*c'est croire en l'aventure de l'amour,*
*faire confiance aux hommes,*
*faire un saut dans le noir*
*en s'abandonnant à Dieu.*

Dom Helder Camara[1]

---

1. Dom Helder Camara, *Le désert est fertile*, éditions Desclée de Brouwer, 1971, p. 25.

# I

## « Ne laisse pas tomber la prophétie »

Ce fut la dernière parole que j'ai entendue de lui. C'était le jeudi 7 août 1999. En fin d'après-midi. Recife venait de vivre une averse violente et brève, comme cela arrive souvent aux mois de juillet et août. À 19 h 30, je devais être à l'auditorium de la faculté de Philosophie de Recife (FAFIRE) pour intervenir dans la Journée théologique en hommage à Dom Helder Camara. J'avais demandé à Rejane Menezes, brillante journaliste, une des organisatrices de l'événement et une amie personnelle, que, avant de me conduire à la faculté, nous puissions passer par la maison du Dom au moins un moment, afin de le saluer. Quelque chose me disait que, si je n'y passais pas ce soir-là, je n'aurais plus d'occasion de le voir. Il nous accueillit, Réjane et moi, assis à la table de la salle, somnolent et totalement silencieux. Les médicaments qu'il prenait pour l'inflammation de ses jambes qui, m'avait dit Dom José Maria Pires, étaient à vif, l'engourdissaient plus que la fatigue ou le poids de ses 90 ans qu'il avait eus le 7 février, date à laquelle nous avons publié le livre « Helder, le don* de la Paix », un ensemble de témoignages sur lui.

---

\* Le titre joue sur le mot « dom », à la fois « monseigneur » et « don », du verbe « donner ».

Zezita, son infatigable secrétaire – qui m'a toujours accueilli avec amitié –, prend le livre dans la bibliothèque, l'ouvre à la page du chapitre que j'avais écrit et le pose devant lui :

— Voyez, Dom, ce que le père Marcelo a écrit sur vous...

J'ai l'impression qu'il regarde le texte sans le lire. Je saisis sa main, je la baise et je lui demande s'il me reconnaît.

— Je suis Marcelo Barros, un bénédictin qui a travaillé avec vous dans le domaine de l'œcuménisme. C'est vous qui m'avez ordonné prêtre.

Il fait un signe de tête comme pour dire « oui », qu'il me reconnaît et se souvient de ces faits. Mais est-il conscient ?

Réjane prend son appareil photographique et fixe ce moment qui fut ma dernière rencontre avec lui sur cette terre. C'est une photo que je conserve dans ma Bible et que je revois souvent. Je regarde le Dom avec la tendresse d'un enfant qui regarde son père souffrant. Il paraît absent, totalement absent...

Zezita, avec sa sollicitude et sa tendresse habituelles, retire l'assiette de soupe qu'il a laissée pratiquement intacte. Elle l'emporte à la cuisine. Réjane parle avec quelqu'un qui vient d'entrer. Il ferme les yeux, paraissant somnoler. Je pense que je risque de le fatiguer et je décide de partir.

— Dom Helder, je m'en vais. Donnez-moi une parole de vie et bénissez-moi.

Il reste calme, les yeux fermés. Derrière moi, les gens parlent d'autre chose. Personne n'écoute lorsque, les yeux toujours fermés, il balbutie quelque chose. J'approche l'oreille. Avec difficulté, il murmure :

— Ne laisse pas tomber la prophétie.

Je sais que, pour qui suivait l'état de Dom Helder ces jours-là, tantôt lucide, tantôt absent, presque toujours silencieux, cette parole que j'ai recueillie du secret de son cœur paraît surprenante et même incroyable. Il est vrai aussi que les gens ne connaissent pas exactement mon histoire avec lui et ne peuvent pas comprendre le sens de cette parole que moi seul ai comprise, et cela même après avoir réfléchi à la question.

Dès mon retour de Recife, le lendemain, je commentai ce qu'il m'avait dit avec mes frères de Goiás, mais je n'en ai parlé publiquement que quelque temps après sa mort survenue exactement vingt jours plus tard, le vendredi 27 août, à 22 h. C'est à cause de cette parole reçue de lui que je m'engage à ne pas laisser oublier sa prophétie ni ignorer son message. Je cherche à poursuivre mon ministère chrétien comme travailleur de la paix et témoin de l'amour universel et multiforme de Dieu.

En racontant mes souvenirs sur Dom Helder, je sais que je cours un risque : celui d'en faire un mythe. Il aurait détesté cela. S'il pouvait lire ces pages, il n'aimerait pas être au centre de cette réflexion. Il répétait toujours : « Je voudrais être humble flaque d'eau pour refléter le ciel[1]. »

En fait, dans toutes les paroles et les faits que l'on rapporte de sa vie, il y a toujours quelque chose d'ouvert. Par son comportement, le Dom nous montrait que, dans chaque être humain, il existe un appel intérieur et secret à ne pas regarder seulement l'extérieur des choses. Notre regard peut être un simple appareil photographique, mais il peut aussi prendre une radiographie et, sans couper la réalité la plus intime en tranches, saisir la réalité la plus intime de ce que nous vivons. Le Dom est ainsi : il sait transformer un taudis en demeure charmante, il regarde le crapaud comme un prince, et son petit jardin comme le royaume des merveilles. Jamais il n'a perdu cette capacité d'aimer et de s'émerveiller devant le monde et les personnes, parce que toute sa vie indique une autre présence et une autre action : celle de quelqu'un qu'il aimait appeler « Père d'amour » ou, simplement, Toi.

---

1. Helder Camara, *Mille raisons pour vivre*, Éditions du Seuil, 1980, p. 23.

## II

## « Nous devons apprendre à vivre
## cette ouverture aux autres »

« Va à la porterie parce que, d'ici dix minutes, l'archevêque
va te téléphoner. » Ces mots me furent dits par le frère portier, au monastère d'Olinda, un édifice baroque, beau et sobre,
construit en 1582, où j'étais moine. Nous étions en mai 1967 et
moi, à 22 ans, j'avais fait mes vœux monastiques pour trois ans
et j'étudiais la théologie au séminaire de Camaragibe. Ce matin-
là, pour une raison quelconque, nous n'avions pas cours et j'étais
au monastère.

### Du cirque au monastère

Qui connaît la vie dans un monastère bénédictin classique sait
que la vie quotidienne de chaque moine est organisée à partir
du dialogue avec le père abbé ou avec un maître désigné par
lui. C'est pourquoi ce message résonnait bizarrement. Le frère
portier devait avoir la permission de l'abbé pour me dire d'aller
attendre un coup de téléphone. Rien ne se faisait sans la permission de l'abbé. Il était 9 h du matin, et c'était un mardi. Les
rayons du soleil brûlant, donnant encore sur la mer, rendaient
encore plus blanche la façade coloniale de l'édifice quatre fois
centenaire du monastère. La brise balançant les feuilles des

cocotiers d'Olinda ne paraissait pas aussi forte que je l'avais vue un peu plus tôt quand, de la fenêtre de ma chambre au premier étage du monastère, j'essayais de voir, au plus loin de l'immense océan devant moi, les bateaux qui devenaient de plus en plus petits jusqu'à disparaître à l'horizon. La voix du frère résonnait bizarrement en moi et me faisait me demander avec inquiétude ce que l'archevêque de Recife pouvait attendre de moi, pauvre moine jeune et insouciant.

Le fait que l'archevêque veuille me parler me rappela, je ne sais pourquoi, ma première rencontre avec Dom Basílio, abbé du monastère, quelques mois avant mes 18 ans. J'étudiais dans l'intérieur du Pernambouc*, dans une école qui préparait à l'Université d'agronomie et d'études vétérinaires. J'y étais entré à 14 ans, avec l'intention de devenir vétérinaire pour les animaux sauvages. Je pensais surtout à m'occuper d'éléphants. Une fois, à 12 ou 13 ans, j'avais sauté la grille d'un cirque et j'étais allé parler avec l'éléphant. Quand le dompteur me vit caresser la trompe du pachyderme, il dut comprendre que l'animal était heureux d'avoir un nouvel ami, et il courut pour m'éloigner en criant :

— C'est dangereux. Il peut te renverser.

Il avait certainement raison, mais la certitude que j'eus fut que la seule chose qui pouvait alors être renversée était son emploi si tout le monde découvrait qu'on pouvait approcher directement l'éléphant et qu'on n'avait pas besoin de dompteur.

À 18 ans, j'avais découvert que mon rêve de m'occuper d'animaux sauvages me conduisait à dompter, d'abord, les fauves qui existaient dans la forêt de mon cœur. Je connus le monastère et commençai à découvrir mon désir d'appartenir à cette communauté. J'avais envie d'approfondir la recherche du mystère intérieur que je sentais en moi et, d'une certaine manière, je sentais que je ne réussirais qu'avec l'aide des autres. J'avais besoin de m'engager dans un style de vie alternative à cette société individualiste et compétitive.

---

* État du Nordeste brésilien dont la capitale est Recife.

Dom Basílio Penido était un carioca* de famille traditionnelle qui entra au monastère de Saint-Benoît de Rio de Janeiro après avoir étudié la médecine, et appartenait à un groupe qui, m'a-t-on dit, voulait renouveler l'Église et le monde.

En 1962, en tant que nouvel abbé, il visita le petit monastère qui était à côté du collège agricole où j'étudiais. On m'avait dit que, devant un abbé, on s'agenouillait et qu'on lui baisait la main. Quand je me trouvai en face de cet homme simple et dégingandé, je ne réussis à rien faire de cela. Il me serra la main, rit, et nous commençâmes à parler. Moi, adolescent, petit-fils d'une Indienne et avec tous les mélanges de race de ma famille, je me demandais comment lui, Brésilien, pouvait être aussi blanc. C'était un homme maigre, de bonne taille, avec un visage clair et un regard intelligent.

Moi qui avais toujours été bavard et n'avais jamais eu de difficulté pour m'exprimer, je rencontrais quelqu'un qui semblait parler plus que moi et s'exprimait avec encore plus de facilité. Je compris rapidement qu'il s'intéressait à la musique, au cinéma, à la littérature, aux sciences, à l'astronomie et à la politique, sujets que je connaissais peu mais qui m'attiraient. Il aimait même le football, ce qui n'était pas « mon truc ». Le fait est que nous sommes amis depuis ce premier moment. À la fin de l'année, dans l'après-midi du samedi 1er décembre 1962, j'entrai au monastère d'Olinda comme postulant, pour participer à la première prière (premières vêpres) de l'Avent, temps liturgique qui exprime l'intensification de l'espérance de la venue de Dieu au cœur du monde.

Le monastère nous enseignait à respecter la hiérarchie et même à croire en un caractère sacré inhérent à la charge d'abbé et plus encore d'évêque. Jusqu'à ce matin de 1967, je n'avais pas eu de contact direct avec un évêque. L'éducation catholique classique ne m'aidait pas à parler avec un évêque comme avec un « égal ». Mais cet archevêque semblait différent, et je me sentais encore plus inquiet.

---

* Habitant de Rio de Janeiro.

## Un petit bonhomme mince et laid

En 1958, le pape Pie XII mourut à Rome et les cardinaux élurent comme nouveau pape un cardinal déjà très âgé (78 ans) qui paraissait peu capable et dont ils pensaient qu'il pourrait être un pape de transition. Ils se trompaient. En endossant le ministère papal, Jean XXIII a transformé l'Église. En janvier 1959, il convoqua un nouveau concile œcuménique, c'est-à-dire la réunion de tous les évêques du monde pour renouveler l'Église et la mettre en dialogue avec toute l'humanité. Le concile, appelé Vatican II (c'était le deuxième qui se tenait au Vatican), dura de 1962 à 1965. Cet événement marque encore aujourd'hui la vie de l'Église qui est devenue plus simple, plus actuelle et ouverte à tout ce qui est humain.

Le 8 décembre 1965, à Rome, quand le pape Paul VI et les évêques du monde entier clôturèrent le concile Vatican II, dans l'église abbatiale du monastère d'Olinda, cinq jeunes et moi, nous prononçâmes nos premiers vœux monastiques, pour trois ans. Je venais d'avoir 21 ans et je voulais prendre au sérieux ce que le pape, la veille, avait dit à la dernière assemblée générale du concile Vatican II : « Pour rencontrer Dieu, il faut, d'abord, rencontrer l'être humain. »

Dom Helder Camara, archevêque d'Olinda et Recife, paraissait avoir de l'expérience en la matière et il pourrait m'aider à le vivre profondément. Il était l'un des artisans les plus importants du concile.

Je l'avais vu du milieu de la foule qui, le samedi 9 avril 1964, était accourue pour connaître le nouvel archevêque. Dans l'esprit du concile, Dom Helder voulut rencontrer pour la première fois le peuple de l'archidiocèse qu'il allait diriger non dans la cathédrale mais sur la place publique. Sur une estrade dressée place du *Diário*, au cœur de la ville, il s'adressa à une foule plus nombreuse et plus variée que les fidèles qui allaient à l'église. Là, il ouvrit son cœur et dit à la foule ce qui était sa conviction : « Dans le Nordeste, le Christ s'appelle Zé, Maria ou Severino*. »

---

* Prénoms typiques de cette région : une manière de dire qu'il reconnaît en toute personne le visage du Christ.

La fantaisie est une gamine joueuse qui court devant nous en cherchant quelque surprise à nous offrir. Au cours de ces mois, à plusieurs reprises, j'avais entendu parler de Dom Helder, l'évêque auxiliaire de Rio de Janeiro qui était devenu l'évêque des pauvres et le principal interlocuteur de l'Église catholique auprès des gouvernements. Je ne sais pourquoi, je l'imaginais grand, fort, avec une grosse voix à fendre les pierres. Soudain, sur l'estrade, je vis un petit bonhomme mince et laid. Un personnage du genre de « Charlot » de Charlie Chaplin sans chapeau ni canne, ou « Laurel », ou encore le maigre du couple « Le Gros et le Maigre » tiré d'un film comique. Cependant, quelques minutes après le début de la cérémonie, le Dom commença à parler et il parut alors grandir en taille et embrasser le monde entier. De plus, il avait un regard de bonté qui le rendait presque beau. Son discours était poétique et communicatif. Le vieux conservatisme des moines, éduqués dans la sobriété et la retenue bénédictines, s'étonnait du style de cet archevêque qui, en prêchant à la foule, paraissait se situer à la limite de la communication. Avec des gestes presque désordonnés et des expressions retentissantes, il donnait l'impression de quelqu'un de persuasif et, parfois, un peu mielleux. Mais, entre nous, j'appréciai beaucoup.

Au monastère, quelques frères, même des jeunes, soutenaient que « l'archevêque des favelas » ressemblait plus à un homme politique qui cherche à plaire aux foules qu'à un évêque préoccupé de la mission de l'Église. Quelqu'un de bien informé m'assura que, dans chaque prêche, Dom Helder cherchait plus à être publié dans les *Informations catholiques internationales* de Paris qu'à être entendu de l'assemblée qu'il avait devant lui. Plus j'eus l'occasion de fréquenter le Dom, plus je me rendis compte que ce type de jugement était injuste. Et s'il plaisait à beaucoup d'Européens, c'est précisément parce qu'il réussissait à parler au cœur de chacun de ses auditeurs.

Les deux premières années de son ministère, j'entendais toujours parler de lui soit par l'abbé Dom Basílio, soit par un moine qui participait à la commission archidiocésaine de Liturgie, Dom Mariano Costa Rego. L'abbé, Dom Basílio, avait travaillé avec Dom Helder comme aumônier de l'Action catholique, à l'époque où il était à Rio de Janeiro. Dom Helder l'appréciait beaucoup et, chaque fois qu'il le pouvait, il lui témoignait sa confiance. Dom Basílio estimait et respectait l'archevêque, bien qu'il fût critique devant certaines de ses positions. Dom Mariano était le beau-frère de Diógenes Arruda Camara, secrétaire général du Parti communiste du Brésil, le PCdoB. Lors du coup d'État militaire d'avril 1964, Diógenes dut passer dans la clandestinité et se réfugia au monastère d'Olinda. Dom Basílio me confia la charge d'accompagner ce monsieur – dont je ne savais pas qui il était –, de lui apporter ses repas, de lui fournir les livres dont il avait besoin et de l'accompagner à l'intérieur du monastère, où qu'il doive aller, à des horaires discrets.

Diógenes était un homme très courtois et qui aimait parler avec moi. Il me posait beaucoup de questions. En revoyant aujourd'hui cette histoire, j'imagine qu'il a dû être horrifié de voir à quel point j'étais naïf et sans aucune information politique... Et le pire est que je pensais être un jeune homme très conscient et au fait. Diógenes me disait des choses que je ne comprenais pas ou que, du moins, je ne rattachais à rien... Il argumentait et j'écoutais, je comprenais, rationnellement, mais je n'étais pas convaincu... Seuls les opprimés changeront l'histoire. Au commencement, le christianisme était une sorte de communisme. Tout était commun à tous... Le monastère était la suite de cet idéal... Tout chrétien devrait être un révolutionnaire... Oui, oui, mais... Il y avait quelque chose que je ne comprenais pas et j'avais peur... Celui qui, peu à peu et plus tard, m'a aidé à transformer mon jugement, ce fut Dom Helder... Dom Helder ne discutait pas... Il racontait des histoires et prenait une position unique, ce qui m'impressionnait.

Au début, il venait rarement au monastère, en visites rapides, et parfois pour une célébration plus importante. Là où je me souviens davantage l'avoir vu de près, ce fut, chaque année, pour la fête populaire de Notre-Dame-des-Plaisirs, en haut des monts Guararapes.

## *Libre face aux rites*

Notre-Dame-des-Plaisirs est un sanctuaire dédié à Marie, avec un titre ancien venu du Portugal. Aujourd'hui, le terme « plaisirs » ressemble plus à un nom de motel qu'à celui d'une église. Il y a des siècles, sous l'invocation de « Notre Dame des Plaisirs », les Portugais vénéraient la joie que Marie, mère de Jésus, avait vécue en voyant son Fils ressuscité. Ils célébraient cette fête, chaque année, le lundi suivant le dimanche après Pâques. Ce fut ce jour-là que, en 1654, dans les monts Guararapes, les Portugais et les Brésiliens remportèrent la bataille contre les Hollandais qui, depuis plus de vingt ans, dominaient la province du Pernambouc. Pour rappeler cette victoire attribuée à la protection de Marie, ils construisirent sur la montagne la plus haute une église baroque qui, aujourd'hui, domine le parc national des Guararapes situé juste au sud de l'aéroport international de Recife qui, pour cette raison, s'appelle « Aéroport des Guararapes ».

La communauté des moines bénédictins d'Olinda est responsable de cette église et, chaque année, de nombreux frères du monastère vont aider pour les célébrations de la fête : clôture d'une neuvaine avec messe champêtre et procession solennelle. Depuis son arrivée comme archevêque en 1964, Dom Helder aimait venir célébrer et rencontrer le peuple pauvre qui emplissait le parvis de l'église et venait à la fête accomplir ses vœux.

En 1966, je fus l'un des acolytes (auxiliaires) chargés d'aider l'archevêque dans le déroulement de la messe. Je le fis par obéissance communautaire et non par goût de la fonction. Le souci de bien remplir cette tâche liturgique dans une célébration de masse – qui était toujours agitée – faisait que j'étais tendu et que je finissais par moins profiter spirituellement de la célébration.

Je découvris par la suite que je n'avais aucune raison de m'inquiéter ainsi lors de messes célébrées par Dom Helder. Même si l'ambiance était formelle et la célébration empreinte de solennité, quand le Dom célébrait, il réussissait toujours à imprimer un ton de vérité et de spontanéité qui nous laissait plus libres. Il n'improvisait pas de textes de prières, n'inventait pas de rites, mais suivait les étapes de la célébration avec une tranquillité et une liberté intérieures rares chez les prêtres.

Cette année-là, Dom Helder provoqua un certain malaise chez les moines. Le motif fut apparemment ridicule. Il arriva sur place, comme toujours, une demi-heure avant l'heure fixée. Cependant, au lieu de se diriger vers l'autel et de commencer à revêtir les ornements sacerdotaux, il alla au milieu de la foule et se mit à bénir les uns, à embrasser les autres. Tous voulaient le toucher et lui dire quelque chose. À un moine qui tentait de le faire presser, il répondit que sa messe commençait par cette relation avec les plus pauvres. Ils étaient ses maîtres. Il devait leur obéir. À l'époque, cela me parut exagéré, et même démagogique. À mesure que je le fréquentai, je compris que c'était sa conviction la plus profonde et qu'il essayait de le vivre en vérité, dans le quotidien de sa vie.

La messe commença avec un peu de retard. Durant la célébration, dès la proclamation de la première lecture, le responsable de la cérémonie indiqua à l'archevêque le siège épiscopal pour qu'il s'asseye. Il ne bougea pas. Le moine insista et le Dom répondit :

— Comment m'asseoir sur ce fauteuil, face à toute la foule debout ? Comment m'asseoir et voir en face de moi ces visages fatigués et ces pauvres femmes avec leurs enfants dans les bras ?

Jamais je n'avais vu quelqu'un adopter une attitude de telle liberté face au rite. J'appris qu'il est possible d'être libre intérieurement, même dans un contexte aussi formel qu'une célébration comme celle-ci. En outre, je dois avouer qu'à l'époque, je ne réussissais pas à me forger une opinion ferme sur le sujet. Après tout, la liturgie me paraissait avoir un caractère divin, et les protagonistes devaient simplement en assurer l'exécution avec une fidélité canine. La liberté personnelle de l'archevêque me divisait intérieurement. D'un côté, elle provoquait mon admiration, de l'autre, une impression négative.

C'est encore dans un contexte liturgique que survint une autre réaction originale de l'archevêque. Le bruit avait couru au monastère que le Dom avait eu un comportement différent de celui de ses prédécesseurs dans la sacristie de la cathédrale, quelques minutes avant le début de la messe de la Fête-Dieu, en juin 1965. On racontait qu'il était arrivé pour présider la messe et la procession de la fête, mais qu'il était manifestement inquiet et déprimé. Un des prêtres lui demanda si quelque chose l'avait contrarié ou s'il ne se sentait pas bien. Sa réponse fut la suivante :

— Je me sens mal de devoir sortir dans la rue en tenant le pain eucharistique placé dans un ostensoir d'or, entouré de pompe et de splendeur, et de savoir que, au même moment, le corps du Christ est ignoré et maltraité dans les pauvres qui gisent dans les caniveaux, dans les enfants de rue... Les fidèles suivront la procession et adoreront la présence du Christ dans le sacrement, mais ils continueront à ignorer qu'Il crie dans les personnes pauvres que nous abandonnons à « la grâce de Dieu ».

## « Le jardin te plaît ? »

Ce n'était pas la spiritualité dans laquelle me formait le monastère. Je trouvais cet évêque étrange, mais en même temps, j'étais curieux de le connaître davantage. Ce que je n'aurais jamais imaginé, c'est que l'occasion de le connaître personnellement se présenterait de cette manière :

— Dans quelques minutes, l'archevêque va téléphoner. Il veut te parler.

— Que me veut-il ?

J'avais beau réfléchir, je ne pouvais l'imaginer. Et je ne sais pourquoi, j'éprouvais une certaine peur. Le coup de fil fut court et direct. Il me demandait d'aller le trouver le lendemain chez lui, dans la sacristie de l'église *das Fronteiras*[*].

À partir de ce jour, pendant neuf ans, chaque fois qu'il avait un problème à résoudre, un texte à corriger ou un engagement à revoir ou à organiser, chaque mercredi, à 8 heures du matin, je le rencontrais. Chaque jour, de bonne heure, il célébrait la

---

[*] « Des Frontières », du nom du quartier où se situe l'église Notre-Dame-*das-Fronteiras*.

messe au couvent des sœurs, à côté de l'église des Frontières. Après quoi, il prenait un café avec un ou deux biscuits, et c'était tout. Qui voulait le voir savait que, s'il n'était pas en voyage, on était sûr de pouvoir le rencontrer juste après la messe. De temps en temps, quand j'arrivais à 8 h, les mercredis, je rencontrais des amis comme Eduardo Hoornaert* ou Irmã Escobar qui bavardaient avec lui ou prenaient un café avant de se retirer.

Le premier mercredi où j'allai le voir, malgré tout ce que j'avais déjà entendu sur lui, je fus encore surpris. Jamais je n'avais imaginé qu'il viendrait m'ouvrir lui-même la porte pour me conduire à la sacristie transformée en salle de sa maison. Il m'accueillit comme si nous étions de vieux amis. Je voulus baiser sa main, mais je n'osai pas. Il me précédait déjà dans le petit jardin qui séparait le portail de la maison. C'était un jardin extrêmement bien soigné. Le long du mur, un parterre de rosiers où se mêlaient des fleurs rouges et blanches, petites et grandes, saluait le visiteur avec le merveilleux parfum des roses. Puis, un petit chemin circulaire faisait le tour d'un arbre – je ne me souviens plus de quelle espèce – et, autour de l'arbre, le Dom avait planté des lis. Plus près du dallage par lequel on entrait dans la petite salle, une rangée de marguerites et un jasmin très odorant. À voir ce petit espace si bien entretenu et si fleuri, on ne se rendait pas compte qu'il était si restreint. Et lui-même voyait cette espèce de cloître de son petit ermitage comme si c'était l'immense jardin d'un château enchanté. À mi-chemin, il s'arrêta et, me saisissant les mains, demanda :

— Le jardin te plaît ?

Jamais je n'aurais imaginé l'archevêque de Recife convoquer un jeune moine pour une audience et commencer à parler de son amour pour un jardin. Je me rendis compte qu'il regardait ces fleurs comme ses amies. Il connaissait chaque plante et chaque fleur comme s'il faisait lui-même partie de cette communauté naturelle.

---

* Historien du christianisme, professeur à l'université fédérale de Fortaleza et membre du Centre d'études de l'Église en Amérique latine. Il a rédigé la postface de ce livre.

Deux minutes plus tard, nous étions penchés sur un rosier. Il se montrait préoccupé par un bouton qui finissait d'éclore.

— Est-ce que la rigole que j'ai pris soin de creuser autour du rosier le protégera des fourmis ? Hier soir, j'ai essayé de parler avec une fourmi qui était, je pense, le général de l'armée de ce lieu. J'ai fait un pacte avec elle : je leur permets de dévorer le petit bananier qui a poussé là-bas n'importe comment, mais à condition que, de grâce, elles respectent la fragilité du rosier. Ce matin, ici, j'ai prié le Cantique des Créatures, et j'y ai inclus les fourmis pour les convaincre d'être pacifiques. Est-ce qu'elles vont m'écouter ?

À l'époque, cela résonnait bizarrement en moi. Depuis mon enfance, j'avais toujours entretenu une relation très forte avec les plantes et les animaux. J'avais élevé toutes sortes d'animaux, même un serpent. Quand j'étais enfant, je jouais beaucoup avec des fourmis, mais je n'avais jamais imaginé relier cela à une spiritualité. Je pense que cette relation franciscaine avec toutes les créatures fut une constante dans la vie du Dom. Quelques années plus tard, je l'entendrai, sur Radio Olinda, consacrer une chronique aux fourmis de son jardin. À ce moment-là, j'ai bien accueilli sa préoccupation, mais j'étais inquiet de savoir ce qu'il attendait de moi. Il commença par m'interroger sur mes origines. Et je racontai :

— Je suis originaire de Camaragibe (une commune du grand Recife). Je suis l'aîné des dix enfants d'ouvriers pauvres, et je suis entré au monastère à 18 ans, attiré par la vie communautaire et l'amour de la Bible.

Il fit des remarques intéressantes sur Camaragibe, où il construira plus tard le séminaire régional du Nordeste, mais déjà on le sentait préoccupé par ces temps de crise du monde et des Églises. Je n'étais pas capable de discuter sur ce sujet. Je me contentai d'acquiescer de la tête. Il me fit voir un livre qu'il était en train de lire et commença à le commenter. J'étais sous le charme.

*Vivre l'ouverture aux autres*

Nous parlions depuis près d'une demi-heure quand il me demanda très simplement, avec la même tranquillité que s'il s'enquérait de savoir si j'aimais tel ou tel fruit :

— Est-il vrai que tu fréquentes des cultes protestants et pentecôtistes ?

Malgré ma crainte d'être blâmé, je confessai que c'était exact. Les jeudis, quand les moines allaient à la maison de la plage Maria Farinha pour se reposer et nager, j'en profitais et, l'après-midi, j'allais à la prière dans un petit temple pauvre de l'Assemblée de Dieu*, proche du monastère.

Il approuva avec un sourire. Honteux, je poursuivis ma confession :

— Il est vrai aussi que, les dimanches matins, je rends visite à l'Église presbytérienne d'Olinda dont le prêtre est le père d'un élève du collège Saint-Benoît. Mais j'ai l'autorisation de l'abbé qui ne comprend pas bien pour quelle raison ou dans quel but je fais cela, mais qui respecte mon initiative.

Le Dom avait demandé à l'abbé d'accueillir au monastère deux frères de Taizé, frères de culture protestante, qui étaient venus de France et pensaient s'établir au Brésil. J'étais devenu très ami – et je le suis encore aujourd'hui – des frères Michel et Bruno. Et nous projetions de fonder une fraternité de moines bénédictins et de moines de Taizé. Je ne savais pas que le Dom était au courant de ce projet.

Il m'écouta et se leva presque de son siège pour manifester son enthousiasme :

— C'est exactement ce que je souhaitais. Dieu t'a donné cette vocation pour l'unité et tu l'as suivie. C'est précieux pour tous... Nous devons apprendre à vivre cette ouverture aux autres. Acceptes-tu d'être mon secrétaire pour les relations avec les autres Églises et les autres religions ?

---

* Une des plus importantes familles évangéliques du Brésil.

— Votre seigneurie se trompe sur moi*. Je suis encore le cours de théologie. J'aime lire et étudier, mais je ne me sens pas capable de vous aider sur un sujet aussi important...

Il saisit ma main :

— Selon l'Évangile, nous avons un seul Seigneur. Nous sommes tous frères. Je comprends que, à cause de l'éducation que tu as reçue, cela te soit difficile, mais dis-moi « tu ». Et nous allons apprendre ensemble à agir dans le champ de l'œcuménisme, parce que j'en sais encore moins que toi... Dieu va nous inspirer.

Pour ce qui est de le tutoyer, je dois avouer que je n'ai jamais réussi. Comment tutoyer l'archevêque, comme il me le demandait à moi et à tous ceux qui travaillaient avec lui ? Je l'ai toujours appelé affectueusement « Dom », et je pense qu'il faisait en sorte de ne pas entendre le *senhor*.

Au milieu de l'année 1967, je commençai à participer aux réunions hebdomadaires du secrétariat archidiocésain de Pastorale à Giriquity (rue de Recife, dans le quartier central de Boa Vista, où se trouvait le centre diocésain de Pastorale). Dans l'archidiocèse de Recife, le Dom organisa la pastorale selon les six lignes d'action pastorale de la Conférence nationale des évêques du Brésil (CNBB) : 1. unité et intégration des divers organismes et groupes qui composent la vie et l'action de l'Église catholique ; 2. action missionnaire ; 3. catéchèse ; 4. liturgie ; 5. œcuménisme ; 6. action sociale. Jusqu'à fin 1975, je travaillai comme responsable de la ligne 5. Bien avant qu'on parle d'œcuménisme, le Dom avait déjà rassemblé dans la ligne 5 la relation avec les Églises et la recherche de communion avec les autres religions.

C'était impressionnant de voir comment il savait créer un climat de confiance et de liberté pour travailler. Sur l'œcuménisme, j'ai appris beaucoup de ses paroles, mais surtout de sa vie. J'ai toujours admiré sa spiritualité profonde, la foi qui lui

---

* La formule de politesse vis-à-vis d'un supérieur, en brésilien, consiste à s'adresser à lui en l'appelant *senhor* (monsieur, seigneur). Ce qu'a fait Marcelo Barros. Dom Helder reprend le mot, l'appliquant à Jésus-Christ.

donnait une force surnaturelle, même dans les moments les plus difficiles.

Souvent, on le traitait d'idéaliste ou de rêveur. Il m'a appris à l'être, et je l'en remercie. Je n'étais pas toujours d'accord avec ses idées ou ses orientations, mais je lui ai toujours fait confiance. Aujourd'hui, je me rends compte que, sur les points sur lesquels je n'étais pas d'accord – j'en citerai quelques-uns à l'occasion par la suite – il avait raison et moi pas. Je pense que la première chose que j'ai apprise de lui est que l'on peut être bon, rêveur et plein de foi, sans être naïf. Dom Helder était exigeant pour lui-même et nous apprenait à être lucides. La base de son action était sa foi.

Au début, j'allais aux rendez-vous du mercredi avec curiosité et une certaine appréhension. Avant d'entrer au monastère, j'adorais raconter des histoires. Au monastère, peu à peu, j'ai perdu cette habitude et appris à contrôler ma fantaisie. Avec Dom Helder, il semblait que je commençais à désapprendre. Il avait une fantaisie bien plus libre et rebelle que la mienne. Il parlait au « petit cheval bleu » et conversait avec les étoiles. Une fois, je le vis qui passait dans une rue du quartier où des enfants et des préadolescents participaient à une sorte de championnat de cerf-volant. Le ciel était coloré de ce que, à Recife, nous appelions des perroquets, faits de papier et avec d'immenses queues de rubans et de traînes fantaisistes. Quelle ne fut pas ma surprise de voir l'archevêque demander la permission à un enfant et rester quelques minutes à tenir les ficelles d'un cerf-volant, là, bien haut dans le ciel. Avec sa soutane voltigeant, il courait pour faire avec son cerf-volant la plus belle figure de ce morceau de ciel.

À Rome où il était, quelques mois avant de devenir archevêque d'Olinda et Recife, il écrivait dans son journal : « N'aie pas honte d'aimer les bandes dessinées. As-tu déjà remarqué comment Dieu écrit nos vies ? Ne dirait-on pas qu'Il use et abuse du suspense... » (Rome, 2-3 mars 1964[1].)

---

1. Helder Camara, *Lettres conciliaires (1962-1965)*, tome I, Éditions du Cerf, 2006, p. 432.

# L'angoisse de la colombe de la paix

*Je dois apporter aux hommes le rameau d'olivier*
*que le Seigneur m'a confié !*
*Mais actuellement, il n'y a pas de lieu où me poser :*
*les grandes eaux s'étendent à perte de vue...*
*Actuellement, elles seront massacrées,*
*les mains qui tenteraient de retenir mon rameau...*
*Je volerai quel qu'en soit le prix...*
*Tant que je ne tomberai pas de fatigue.*
*Tant que je ne serai pas morte, je volerai, je volerai, je volerai...*
*Le Seigneur Dieu qui m'a confié cette mission divine,*
*Lui, me protégera[1] !*

---

1. Clelia Luro, *El mártir que no mataron : Helder Camara*, Madrid, Nueva Utopia, 2002.

III

# « L'imagination est une collaboratrice que Dieu nous donne »

« Rêve sans crainte, sans limites, sans censure, et mets tes rêves au service de la monotonie quotidienne, de l'uniformité lassante, de l'éternelle fragilité, de la médiocrité humaine. »

Nous sommes tous des personnes originales et différentes. Pourtant, quand nous rencontrons quelqu'un qui attire notre attention par sa manière d'être libre et personnelle, nous accordons davantage d'attention à sa parole et à sa manière d'agir. Est-ce qu'il existe quelqu'un de totalement libre ? Que signifierait cette liberté que, au fond, tout le monde désire et cherche ?

Quand je pense à ces premières années où j'ai fréquenté Dom Helder, je dois convenir que, au quotidien, il n'était pas facile à comprendre par quelqu'un qui le voyait à partir des structures de l'Église. Il ne se comportait jamais comme on l'attendrait d'un ecclésiastique, qui plus est d'un archevêque d'une ville aussi importante que Recife.

## La liberté d'être soi-même

Quand, à 18 ans, j'entrai au monastère d'Olinda, j'appris ce qu'on appelait l'attitude monastique. Tout était bien réglé.

---

Remuant comme je le suis, j'eus une immense difficulté à marcher « avec la gravité monastique », à être moins bruyant, à ne pas croiser les jambes, à ne pas monter ou descendre les escaliers en courant.... Il y avait des cours de signature* et d'attitude communautaire. Et voilà que la première chose qui me surprenait chez Dom Helder, c'était de découvrir que l'archevêque était, avant tout, un homme libre. Cela semblait venir de sa propre personnalité. Ni le séminaire, ni le Vatican, ni les milieux officiels de l'Église n'ont réussi à détruire cette liberté intérieure. Dans toute sa manière d'être, il conservait une immense liberté. Je le vis souvent converser avec des jeunes, assis par terre comme l'un d'entre eux. Je me rappelle l'avoir vu plusieurs fois avec une soutane crème ornée d'un grand raccommodage, et je trouvais cela laid. L'archevêque s'habillait ainsi, mais il se comportait comme s'il portait des vêtements de luxe. Comment garder la liberté de célébrer une messe à laquelle participaient beaucoup de gens, et ne pas retenir les larmes qui jaillissaient lorsqu'il avait fait mémoire de l'institution de la Cène de Jésus ? Je me rappelle une photo du Dom, déjà âgé, en avril 1985, en Australie. Il assistait à un spectacle folklorique présenté par des autochtones. Il fondit en larmes et ne réussit pas à parler. C'est avec cette même liberté que, devant un cardinal du Vatican qui était venu inspecter le séminaire régional du Nordeste, Dom Helder vit les séminaristes danser une samba et entra dans la samba avec eux. Ou, déjà âgé, à la messe de ses 80 ans, il reçoit l'hommage d'un bloc** de carnaval de Recife qui vint, costumé, le rencontrer après la messe. Lui, avec ses jambes très atteintes par la phlébite qui le tourmenta les dernières années de sa vie, esquissa quelques pas de *frevo***.

Imaginez un archevêque racontant ce qui suit au sujet de sa relation avec le cardinal Jaime Camara :

---

* Il s'agissait d'enseigner aux gens à écrire leur nom et à signer, ce qui n'en fait plus des analphabètes, mais des semi-analphabètes, selon les dénominations officielles...
** *Bloco*, « bloc » de carnaval. Ainsi appelle-t-on les groupes de musique et de danse qui défilent lors du carnaval.
*** *Frevo* : musique et danse du carnaval du Pernambouc.

« Un jour, nous sommes sortis ensemble en voiture. Nous passions par la plage de Copacabana. On commençait à voir les premiers bikinis et voilà que traverse devant nous une belle fille qui en portait un. J'étais ébloui par sa beauté : l'eau dégoulinait de ses cheveux, de son visage, de ses bras. Je la regardai, ravi, mais je remarquai que le cardinal était inquiet et mal à l'aise devant mon air de béatitude et mon sourire de satisfaction. Je lui dis : "Voyez, mon cardinal, comme il est difficile de juger. À suivre cette fille des yeux, je pense qu'elle doit avoir cette même beauté intérieure et extérieure que nous ressentons à la fin de la messe. Elle nous permet de plonger dans l'Esprit de Dieu et la grâce ruisselle par nos mains, par nos doigts, par tout notre corps... Je trouve le corps humain admirable, parce qu'il est le chef-d'œuvre de la création. Quelle beauté il y a en lui ! L'image que cette fille m'a apportée, je le répète, a été celle de la joie totale que la messe nous procure..." »

Peut-être trouvez-vous étrange ce type d'argument. On peut même trouver plaisant que, pour apprécier la beauté du corps féminin, le Dom ait besoin de l'associer au plaisir procuré par la communion, à la messe. Ce texte a presque 50 ans, et il constitue une tentative de dialogue avec un cardinal extrêmement conservateur. Seul le Dom a réussi à mêler ainsi les choses et à unir la foi et la vie. Il est vrai que, avant d'aller à Recife comme archevêque, il comptait pour cela sur l'appui et le conseil d'un groupe de femmes et d'hommes à la sensibilité sociale très aiguisée, avec une excellente formation intellectuelle, et dont plusieurs vivaient un engagement de foi adulte et profondément missionnaire. Outre les amies de Rio qui l'ont accompagné, certaines pendant toute sa vie – Virginia Cortes de Lacerda, Cecilia Monteiro, Aglaia Peixoto, Yolanda Setúbal, Vera Jacoud, Marion Vieira de Mello (devenue plus tard sœur Agostinha), Marina Bandeira, Rose Marie Muraro et tant d'autres – Dom Helder comptait sur des amis et conseillers comme le Dr Alceu Amoroso Lima, Raimundo Caramuru et Luiz Alberto Gómez de Souza qui, chacun dans son domaine et à sa manière, participaient à la mission du Dom d'interprétation de la réalité à la lumière du projet de Dieu, et permettaient au Dom d'agir non comme un prophète isolé mais comme interprète et porte-parole d'un des groupes les plus originaux et brillants que comptait alors l'Église catholique au Brésil. Dès son arrivée à Recife, il tenta de réunir un tel groupe.

## La liberté politique

Le Dom fut toujours un homme audacieux. Grâce à ses relations avec l'État, aussi bien avec les autorités fédérales que celles de l'État, il arriva à Recife comme l'une des personnes qui jouissaient du plus grand prestige national. Il avait été l'ami de plusieurs présidents de la République. Il était un des hommes d'Église les plus connus et estimés au monde. Il suffisait qu'il fasse un peu attention, et tous feraient ce qu'il proposait. Mais le prix en était de cacher certaines choses et de ne pas manifester ce qu'il pensait. Il devait être diplomate et ne pas insister sur certains sujets qui dérangeaient. Il en était incapable. À Recife, il montra qu'il était un homme libre quand, dès le début, il eut le courage de se détacher du pouvoir ecclésiastique, mais aussi du prestige politique. S'il avait fait un peu attention, cela ne se serait pas produit. Mais ce n'était pas sa manière d'être. Dès le premier jour de son installation à Recife, ou presque, il commença à accueillir chez lui des opposants politiques. À aucun moment il n'a pensé : « Je suis l'archevêque, et cela n'est pas bon pour l'Église. » Pour lui, il s'agissait de sauver des vies et de défendre la liberté de personnes victimes d'injustices. C'est tout. Même chose avec la hiérarchie ecclésiale. En 1964, peu après son arrivée à Recife, le Dom ne fut pas réélu par les évêques brésiliens et dut abandonner son poste de secrétaire général de la CNBB qu'il avait fondée et à laquelle il avait consacré sa vie. À partir de ce moment, il commença à être de plus en plus marginalisé au sein de l'institution ecclésiale, de la même manière qu'il avait aussi perdu son prestige dans les milieux gouvernementaux et dans le contact avec les hommes politiques.

Quand il arriva à Recife, en 1964, le Brésil entrait dans une terrible période de dictature militaire. L'immense majorité des évêques et des catholiques soutint la révolution, pour sauver le Brésil du communisme athée. Pour ma part, à 18 ans, en 1962, je votai pour la première fois. Il s'agissait d'élire le gouverneur du Pernambouc et moi, étudiant dans une école rurale et fils d'ouvriers, je votai pour João Cléofas, candidat des chefs d'entreprise et de l'élite du Pernambouc. Je votai ainsi pour empêcher la victoire de Miguel Arraes, considéré comme communiste. Deux ans plus tard, les militaires ne respectaient plus le processus démocratique et prenaient le pouvoir au Brésil. Ils avaient immédiatement reçu le soutien de la hiérarchie catholique, y compris de Dom Helder. Beaucoup d'évêques étaient d'avis de se rapprocher des autorités politiques pour les influencer. Beaucoup agissaient ainsi avec la meilleure des intentions. De par sa position, l'archevêque de Recife était une autorité importante. Dans le vol qui l'amenait de Rio à Recife en tant que nouvel archevêque, un de ses accompagnateurs était le général commandant la 7e région militaire. Au début, les militaires avaient pensé pouvoir compter sur lui, et le Dom tenta de maintenir ce dialogue. Cela dura peu de temps. Bientôt, le Dom se sentit le devoir d'accueillir des personnes recherchées et de protester contre les arrestations arbitraires. Les militaires avaient compris qu'il se situait de plus en plus de l'autre côté. Comment auraient-ils pu comprendre que Dom Helder défende les organisations de classe et les groupes de quartier ? Comment admettre que, dès le début, il cherche à visiter les prisonniers politiques et dénonce chaque cas de torture ?

Beaucoup de gens se sont scandalisés en découvrant que le nouvel archevêque voulait habiter une chambre du quartier chaud, au centre du vieux Recife. Aujourd'hui, la plupart des rues et des bâtiments du centre le plus ancien de Recife, près du port, sont restaurés, mais à l'époque, c'était la zone des prostituées et des bandits. Ses auxiliaires avaient tenté de le convaincre de renoncer à ce projet pour des raisons de sécurité. Mais il répondait toujours : « Le pasteur doit toujours être là où ses brebis courent le plus de risques. » Ils ne réussirent à le convaincre de ne pas aller habiter ce quartier qu'en faisant valoir que peu de gens de la ville oseraient aller le trouver là-bas. Et ceux qui se risqueraient à venir courraient des risques. Pensant aux risques courus par les autres, il renonça à son projet et choisit la sacristie d'une petite église proche du centre, à moitié abandonnée, et qui, de manière significative, je ne sais pourquoi, s'appelle « église de Notre-Dame-des-Frontières ».

S'il était à Recife et n'avait pas de rendez-vous particulier, il avait toujours une rencontre à préparer, une lettre à rédiger, un engagement à planifier et, les mercredis, à 8 heures du matin, je passais pour une rapide rencontre. Jamais je ne l'ai trouvé abattu ou me donnant l'impression de se dépêcher pour que je m'en aille. Tant qu'il y avait matière, nous parlions. Au début de nos rencontres, je m'étonnais qu'il me parle avec des gestes amples et sur le même ton que s'il s'adressait à une foule. Peu à peu, je me rendis compte que cela se produisait quand nous traitions d'un sujet ou d'une question qui lui tenait à cœur. À moins que tous les sujets lui aient tellement tenu à cœur qu'il était capable de rire, de pleurer et de s'émouvoir rien qu'à le traiter ?

On pourrait faire un véritable bouquet des exemples qu'on raconte de cette liberté et de cette créativité du Dom. Eduardo Hoornaert raconte qu'un jour, le redoutable colonel Hélio Ibiapina, tortionnaire connu à Recife, arriva au palais des Manguinhos, où travaillait l'archevêque, à la recherche d'un étudiant considéré comme subversif qui s'y était réfugié. Dom Helder refusa de dire si l'étudiant était là ou non. Il se tint à la porte et expliqua : « C'est une maison de l'Église, et nous avons le droit d'y accueillir les personnes qui viennent nous voir. » Le colonel aurait voulu savoir s'il abritait des personnes recherchées par la police. Le Dom répondit : « Si ces personnes s'endurcissaient et si, demain, c'était votre tour d'être recherché, il pourrait arriver que je vous vienne en aide. »

Le colonel s'en alla sans perquisitionner la maison[1].

## Formation à la liberté

Jamais je n'ai vu le Dom se comporter comme une icône ou un personnage important. Au contraire, il se présentait comme quelqu'un d'ordinaire et n'a jamais caché ses limites. Dès son discours d'arrivée dans l'archidiocèse, il disait au peuple rassemblé sur la place centrale de Recife qu'il se sentait « un frère dans la faiblesse et le péché des hommes de toutes les races et de toutes les parties du monde ». Je ne connais pas beaucoup d'évêques catholiques ou protestants qui se définiraient de la sorte.

Dom Helder doit avoir développé cette liberté intérieure dès l'enfance. Jamais il n'a accepté la censure de l'Église ni de l'État. Lui-même racontait que, au séminaire, comme il était considéré comme un garçon peu silencieux et peu respectueux des règlements, il n'obtint pas la « médaille de Marie ». Il racontait encore d'autres détails comme celui-ci :

« Au séminaire, chaque séminariste avait une armoire où garder ses affaires. Le recteur avait le droit de l'ouvrir, et cela me choquait. Un jour, un camarade me dit :

— Le recteur m'a dit que si tu te rends compte qu'il manque quelque chose dans ton armoire, tu peux chercher chez lui.

Je vérifiai qu'il manquait bien quelque chose dans mon armoire, mais je ne suis pas allé le demander au recteur. Quinze jours plus tard, il me fit appeler et me dit :

— Tu n'as pas besoin de tout ce papier !

— Monsieur le recteur, puis-je vous répondre sans vous offenser ?

— Fais en toute liberté.

— J'ai eu honte pour vous en m'apercevant que vous aviez agi comme un voleur en prenant, en cachette, des choses dans mon armoire.

— Tu as raison, répond le recteur. J'ai constaté que tu as écrit beaucoup de poèmes. Mon fils, laisse de côté cette fantaisie ! Pense à la philosophie, à la théologie… Mais réfrène ton imagination !

Certain qu'il ne s'offenserait pas, je lui dis franchement :

— Vous êtes la personne la moins indiquée pour me dire cela.

— Pourquoi ?

— Parce que vous aussi, vous êtes un poète. Votre enthousiasme, votre sensibilité, votre vie… Je sais bien que l'imagination est la folle de la maison, mais en même temps, elle est une extraordinaire collaboratrice que Dieu nous donne… Quand je rencontre quelqu'un qui n'a pas d'imagination créatrice, je le regarde avec une certaine tristesse…

— D'accord, mais je le répète, tu dois te consacrer à la philosophie…

— Vous ne m'avez pas convaincu, mais je vous obéirai… »

Durant toute sa vie, il chercha à développer cette liberté intérieure et une grande ouverture d'esprit. Car comment interpréter autrement l'épisode du dialogue que, déjà âgé, il eut avec une prostituée de Recife ?

Il lui dit :

— Dieu t'aime beaucoup, ma fille. Il est avec toi.

Elle répondit :

— Moi aussi, Dom Helder, j'aime beaucoup Dieu. Tous les Vendredis saints, par amour pour Notre Seigneur Jésus-Christ qui, ce jour-là, S'est livré pour nous, savez-vous ce que je fais ? Je vais à la prison et je me donne au prisonnier le plus seul et abandonné, qui n'a personne pour lui tenir compagnie. Vous ne pensez pas que Dieu accepte mon geste ?

Il répondit :

— Sans aucun doute, ma fille.

Dans les années 1960 et même 1970, il était fréquent de rencontrer l'archevêque dans un cinéma ou un théâtre. Il travaillait jusqu'au soir et ne se ménageait pas pour tenir ses engagements dans les quartiers. Ce n'était que quand il était libéré du dernier engagement de la journée qu'il s'accordait le droit d'aller au cinéma ou au théâtre. Et il le faisait. Une fois ou l'autre, il accepta même d'aller boire un coup avec des jeunes pour écouter de la musique populaire brésilienne.

## La présence féminine

Depuis sa jeunesse, le Dom a toujours été entouré par des femmes et il les adorait. Il pensait que marié ou seul, célibataire ou non, tout homme avait besoin de cette complémentarité féminine, tout comme la femme a besoin de la complémentarité masculine. Et il cherchait à la vivre dans une relation d'amitié et de communion fraternelle. Dès son arrivée à Recife, tout le monde se rendit compte de cette manière d'être.

Je me souviens d'un 7 février, jour de son anniversaire, une des premières années où il était archevêque (1966 ou 1967). Dom Basílio Penido, abbé du monastère d'Olinda, avait déjà travaillé avec le Dom à l'époque de Rio de Janeiro, comme aumônier de la Jeunesse catholique (JUC). Ils étaient amis. Ce soir-là, il m'invita à aller aux Manguinhos, embrasser le Dom pour son anniversaire. À l'arrivée au vieux palais transformé en centre social, vers 9 heures et demie du soir, l'archevêque nous accueillit avec affection. Il y avait un gâteau et des boissons fraîches. Nous sommes arrivés au moment où une quinzaine de filles et deux ou trois jeunes gens s'en allaient. Plus tard, au moment où nous allions partir, Dom Basílio fit allusion aux jeunes sur un ton qui prouvait son admiration pour l'attrait que le Dom exerçait sur la jeunesse tout en exprimant quelques réserves :

— Tu as vu ce groupe ? Il n'y avait presque que des femmes.

Avec le poids de sa culture ecclésiastique, il s'étonnait de voir un évêque qui, dans ce domaine des relations affectives avec les femmes, « faisait moins attention à lui que ce qu'on pouvait attendre ». C'était la liberté intérieure du Dom, une liberté que, souvent, il a payée cher.

Je pense que c'est dès son enfance que Dom Helder a appris à être libre. Cependant, sans aucun doute, l'approfondissement de la foi l'a conduit encore plus radicalement vers la liberté intérieure. Cela l'a aidé à comprendre que la liberté intérieure et morale est une condition indispensable à une véritable vie spirituelle. Il en témoignait. Pour lui, Dieu était une compagnie intime, avec qui il pouvait plaisanter, protester et dialoguer. Une fois, je l'ai entendu prêcher aux jeunes que plus une personne est à Dieu, plus elle peut être profondément libre.

Après la mort du Dom, le père João Pubben[2], un religieux qui fut très proche de lui, demeurant avec lui dans les derniers moments de sa vie, s'exprimait ainsi à son sujet : « Dom Helder était un homme libre. Bien sûr, il vivait, comme nous tous, à l'intérieur des structures de la société et de l'Église, pourtant, il semblait que ces structures n'existaient pas pour lui, bien qu'il en ait souffert quelque peu à cause d'un certain mode de fonctionnement. Mais elles ne l'ont pas abattu. Il n'en avait pas peur. » Lors d'une visite à Recife, Mgr Jacques Gaillot\*, évêque de Partenia, disait : « Quand quelqu'un a peur, il n'est pas libre et quand il est libre, il suscite la peur ! »

Cette liberté s'exprimait dans sa manière de penser, dans son audace à faire ce qu'il comprenait comme son devoir et dans son courage pour dire ce qu'il sentait qu'il avait mission de dire et de vivre. Ce fut cette liberté intérieure qui l'a fait évoluer autant au cours de sa vie. Il débuta son ministère de prêtre en se battant pour obtenir un espace pour le clergé dans les médias et en se battant pour une éducation catholique et, quand il obtint ce prestige et ce pouvoir pour lui-même et pour l'Église catholique, il y renonça et s'employa à ce que le clergé le perde. Il avait fait le choix d'obéir, mais jamais il ne renonça à sa conscience et, souvent, finissait par faire ce que son supérieur ne voulait pas. Il en souffrait, mais ne renonçait pas à sa liberté intérieure.

Au séminaire du début du XXᵉ siècle, on lui enseigna une doctrine qui considérait toute préoccupation sociale comme du communisme athée et prônait que l'important était la vie après la mort, et non les préoccupations terrestres. Très tôt, malgré une interprétation équivoque et ses liens avec un parti de droite, le père Helder se consacra à la vie des gens sans séparer le spirituel du matériel. D'une manière ou d'une autre, il a toujours lié la foi à ses expressions sociales et politiques. Sa formation spirituelle et morale aussi fut très rigide. Pourtant, il se sentait suffisamment libre intérieurement pour inviter le cardinal de Rio à admirer la beauté d'une fille en bikini sur la plage, et il reçut des reproches du Vatican pour avoir dit, lors d'une émission de radio, qu'il trouvait beau de voir un couple d'amoureux s'embrasser sur la place. Le Dom ne cachait pas ses amitiés personnelles et faisait aux gens des observations très libres. Je suis persuadé qu'il prenait au sérieux son engagement de célibat et

---

\* Ancien évêque d'Évreux, Mgr Jacques Gaillot avait démissionné en 1995 à la suite de plusieurs désaccords avec le Vatican, et s'était vu alors attribuer le siège de Partenia, un ancien évêché datant des premiers temps de l'Église.

qu'il n'a pas vécu une double vie ou une situation morale ambiguë. Cependant, il était très affectueux.

Moi qui suis entré au monastère à 18 ans et me suis trouvé face à une structure ecclésiale très rigoureuse en matière de morale et de sexe, je vibrai à cette manière d'être de l'archevêque. Je sentis que je devais, moi aussi, développer cette liberté intérieure et affective.

Je sais que, parfois, il en a beaucoup souffert. Dans les dernières années de son archiépiscopat à Recife, il s'est senti critiqué et condamné par des personnes sévères et préoccupées par la Morale. Une fois, quelqu'un le vit, à presque 80 ans, tenant les mains d'une amie. Un autre le surprit embrassant une autre femme. Quelqu'un se demanda s'il ne voyageait pas toujours en compagnie de la même secrétaire. Tout cela le rendait suspect auprès de ces personnes. Il le savait et en souffrait intérieurement. Jamais il ne changea son comportement ni ne parut prendre « soin » de ne pas être vu. Jamais il n'accepta de répondre aux critiques qui venaient de personnes parfois très proches de lui. Il écrivit un jour un poème qu'il aimait à répéter chaque fois que l'occasion s'en présentait et Dieu sait que, à mesure qu'il vieillissait, les occasions ne manquaient pas. Le texte s'intitule « Avis sacré » : « Rien ne t'effraie autant que de voir les humiliations se cacher sur ta route. »

◆

Le premier héritage de Dom Helder est la liberté intérieure et sociale qu'il a vécue et qu'il proposait à tous. Cette liberté intérieure n'a rien à voir avec l'individualisme. Au contraire, le Dom nous enseignait que le chemin vers la véritable liberté intérieure consistait à assumer la responsabilité et le souci de tous. Le capitalisme enseigne : « Ton droit commence où finit le droit de l'autre et le droit de l'autre commence où finit le tien. » Celui qui pense ainsi voit toujours l'autre comme un concurrent et un adversaire. Dom Helder disait le contraire : « Mon droit commence où commence le droit de l'autre et finit où finit le droit de l'autre. Si tous ne sont pas libres, je ne pourrai pas être véritablement libre. »

Cette liberté personnelle venait du fait qu'il tenait à ne posséder que le strict nécessaire. Et il n'acceptait ni faveurs ni privilèges de la part des puissants, pour se sentir suffisamment libre quand il sentait la nécessité de les critiquer.

On raconte qu'un jour, au Vatican, Dom Helder sortait d'un entretien avec le pape Paul VI. Dans la pièce à côté, Mgr Benelli, secrétaire du pape, l'attendait. Il voulait savoir ce que le pape avait dit au Dom. Sans sourciller, celui-ci répondit : « Le pape m'a dit qu'il avait besoin d'avoir près de lui des personnes pas timides, qui aient la liberté de s'exprimer et de critiquer. »

Je suis convaincu que « la liberté n'est pas seulement un droit inaliénable de toute personne. Elle est une vocation ». Dom Helder enseignait que ma liberté dépend de la liberté de l'autre. Le fondement de la liberté est d'assumer sa responsabilité vis-à-vis de l'autre. C'est placer l'autre au centre de moi-même. Et tant que tout le monde ne sera pas libre, je ne serai moi-même pas véritablement libre.

---

1. Eduardo Hoornaert, dans Zildo Rocha, *Helder, o Dom*, Petropolis, Vozes, 1999, p. 62.
2. João Pubben, dans Antonio Montenegro et autres, *Dom Helder, peregrino da utopia*, Recife, Secretaria de Educação, 2002, p. 88.

# Qui peut se vanter d'être libre

*Qui n'a pas*
*de prisons secrètes,*
*de courants invisibles,*
*d'autant plus entraînants*
*qu'ils paraissent moindres*[1] *?*

# Je ne veux pas de trottoirs dans mes rues

*Mes rues*
*comme mes routes*
*n'ont pas de bords,*
*tout comme elles n'ont*
*ni commencement*
*ni fin*[2]*...*

# Des barrières à détruire,

*la plus difficile*
*et la plus importante*
*est sans doute*
*celle de la médiocrité*[3]*...*

# Heureux celui qui comprend

*qu'il est nécessaire de changer beaucoup*
*pour être toujours le même*[4]*...*

_____

1. Dom Helder Camara, *Mil razões para viver*, Rio de Janeiro, Civilização Brasileira, 1978, p. 24.
2. *Id.*, *Mille raisons pour vivre*, Éditions du Seuil, 1980, p. 65.
3. *Ibid.*, p. 83.
4. *Id.*, *Mil razões para viver*, p. 35.

# IV

## « Dans le grand silence,
## la voix de Dieu se fait entendre »

« J'ai un ami très occupé à qui, un jour, j'ai téléphoné pour demander une audience. Il fut d'accord, mais je dus lui expliquer que ce n'était pas pour moi. Aussitôt, il voulut savoir pour qui c'était. Je lui répondis : "La rencontre est de toi avec toi-même[1]." »

C'est toujours un immense défi de parler de l'intimité d'une autre personne, et je n'oserais pas disserter sur celle de Dom Helder. Pourtant, comme il a beaucoup écrit et a eu une activité publique intense, nous pouvons observer quelques éléments qui jaillissent de son intériorité exprimée dans ses œuvres et dans ses activités.

Une des premières choses que j'ai découvertes en lui fut la véracité intérieure et la forte culture de sa vie personnelle. Je l'ai connu quand il était déjà un des évêques catholiques les plus connus et célèbres. Quand il arrivait quelque part, il réunissait des foules. Ses gestes amples et sa manière de parler presque théâtrale paraissaient opposés à une quelconque dimension plus intérieure. Quelle ne fut pas ma surprise de découvrir, derrière la personne publique, un homme simple et fragile, qui vivait ses recherches et ses inquiétudes, et ne les cachait pas. Pour qui a connu Dom Helder, il est presque inimaginable de penser que, à 34 ans, il écrivit dans un manuscrit inédit : « Je passerai dans la vie sans laisser aucun signe fort, aucune marque durable ou inoubliable. Je n'écrirai pas la Somme théologique, ni la Divine Comédie. Je ne serai pas saint Vincent de Paul, ni saint Jean Bosco. Je regarderai de loin saint François Xavier sans pouvoir l'imiter. De plus loin encore saint François d'Assise. J'écrirai quelques petits articles quelconques dans deux ou trois revues. Peut-être laisserai-je un ou deux livres, que quelque deux cents personnes arriveront à lire. Je prêcherai quelques sermons plus ou moins appréciés. Et je mourrai. À mon enterrement, quelqu'un remarquera que je n'ai pas produit ce que je pouvais produire[2]. »

Cette conscience de sa fragilité, difficilement perceptible et que beaucoup n'auraient pas imaginée, était le fruit de son intelligence inquiète. Il était toujours insatisfait de lui-même. En même temps, c'était aussi le signe que, intérieurement, il construisait une profonde humilité qu'il cultivait et approfondissait d'autant plus que lui arrivaient la célébrité et le succès.

J'ai toujours eu un tempérament agité et, jusqu'à aujourd'hui, j'ai beaucoup de difficulté à me concentrer. Quand j'étais jeune, j'entendais mes frères, au monastère, parler de concentration intérieure, de quiétude monastique et de méditation du cœur. Je me sentais inférieur parce que j'ai toujours été inquiet, désordonné et peu silencieux. Dans les cours de philosophie, j'étais connu pour avoir été surpris en train d'écrire des lettres ou de rédiger des choses étrangères à ce que le professeur disait en latin et que, après, en lisant, je comprenais rapidement. Dans les premières années où je me sentais obligé de fréquenter des stages de yoga avec les autres moines du monastère, tandis que les frères se concentraient dans des postures orientales, j'imaginais des romans intérieurs qui n'ont jamais été écrits. Un jour, j'en parlai avec Dom Helder et je lui demandai de me raconter le secret de sa réussite. Lui aussi me paraissait actif et communicatif et cependant, il vivait une grande profondeur intérieure et une liberté personnelle. Il rit et me répondit :

— C'est toujours un combat, à 20 ou à 50 ans…

## Un voyageur

Une fois, j'entendis quelqu'un affirmer que le Dom était de ce genre de gens qui, comme les chats et les petits chiens, commençaient à remuer et à marcher dès l'heure de leur naissance. Dom Helder donnait cette impression, pas exactement parce qu'il était agité et inquiet ou angoissé. Il n'était pas quelqu'un de super actif. Il avait une intelligence privilégiée, une sensibilité aiguë et une totale disponibilité à la vie et aux autres.

Dom Helder a toujours vécu en voyageant. Je crois que son premier voyage a été la recherche de lui-même. Une fois, il écrivit : « Ne te leurre pas ! Tu ne seras fidèle à rien ni à personne, si tu pèches contre la fidélité à toi-même[3]. »

Fils d'une famille nombreuse, il apprit dès l'enfance à lire les livres de la bibliothèque de son père et lisait des livres d'histoires pour enfants et des livres d'adultes. Il assimilait et faisait la synthèse. Souvent, je le vis résumer un livre ou une thèse. Si l'auteur l'écoutait, il se rendait compte que ses idées avaient pris une identité nouvelle. Elles s'enrichissaient d'un nouvel élan. Dom Helder adorait les écrits de Teilhard de Chardin et l'optimisme avec lequel celui-ci liait foi et science. Il vibrait avec des auteurs comme Erich Fromm et Ivan Illich, et lisait les théologiens les plus en pointe de son époque.

Quand, récemment, j'ai lu en entier (à l'époque où il écrivit, je n'eus accès qu'à quelques-unes) le premier volume des « lettres circulaires » qu'il envoyait à ses assistants (la « famille de São Joaquim » et, ensuite, « la famille de Mecejana », comme il l'appelait), ce qui attira le plus mon attention, ce fut le fait que, à Rome, durant le concile, Dom Helder devait participer à toutes les assemblées du concile, et qu'il était profondément impliqué dans les sujets traités. En outre, durant les nuits et les brèves pauses entre les sessions, il réussissait à réunir des groupes d'évêques intéressés à approfondir certains sujets, consultait et invitait des experts pour des causeries, proposait des amendements et des interventions de collègues en salle conciliaire. En plus de tout cela, il continuait ses veillées de prière et dévorait des livres entiers, œuvres difficiles et, généralement, longues. Il lisait tout et tenait à en faire résumé et commentaire pour son groupe.

Dom Helder connaissait l'enseignement de saint Bernard de Clairvaux qui, au XII$^e$ siècle, disait : « Ne te hâte pas de voyager avec tes pieds si tu ne t'avances pas sur le chemin avec ton cœur. Le voyage le plus profond est intérieur. »

Il est né et il a grandi au Ceará, il a voyagé à Rio de Janeiro où il a consolidé sa vocation et est devenu évêque. Il est retourné dans le Nordeste, non à Fortaleza mais à Recife où il a accompli l'essentiel de son ministère et où il a passé les dernières années de sa vie. Cependant, son voyage intérieur fut pour lui une exigence de constant renouvellement intellectuel et d'engagement avec l'humanité. À quelqu'un qui l'accusait d'avoir été intégraliste* dans sa jeunesse, il répondit : « Je n'ai pas aimé cette expérience, mais ce fut une expérience. Dans la vie, quand on est enfant, on marche à quatre pattes, on apprend à marcher, on découvre comment faire son hygiène personnelle, etc. Ces phases de la vie sont utiles, mais personne ne voudrait y revenir. »

Comme évêque et déjà voué aux pauvres, il passa d'une attitude d'assistance à une vision plus éducative, d'une conception dans laquelle il pensait pouvoir compter avec les gouvernements et les structures pour changer la situation des pauvres, à la conviction que seuls les petits peuvent libérer les petits. Il appelait cela « mes péchés » et les confessait à qui voulait l'entendre.

Sur la fin de sa vie, alors qu'il était devenu très silencieux et alternait des états de plus ou moins grande lucidité, il continuait à donner à ses visiteurs l'impression d'une personne en recherche et constamment inquiète. De temps en temps, il rappelait une de ses méditations des années 1960 : « Heureux celui qui comprend… qu'il faut changer beaucoup pour être toujours le même. »

---

* Version brésilienne du fascisme de Mussolini, marqué par la volonté de combattre le communisme, et dont le slogan – « Dieu, Patrie et Famille » – rappelle aux Français le gouvernement de Vichy pendant la Seconde Guerre mondiale.

## Voyager au fond de soi-même

Dom Helder était connu pour son bouillonnement d'activités et son immense réseau de relations. Cependant, la première chose qui m'impressionna en lui fut sa recherche incessante d'intériorité. Mon éducation m'avait conduit à penser que celui qui cherche l'intériorité doit quitter le tourbillon du monde pour un cloître sûr. La vie intérieure était offerte aux personnes qui se retiraient du monde et se protégeaient de l'agitation de la vie moderne.

Dans les années 1960 déjà, quand les communications n'étaient pas encore aussi rapides qu'aujourd'hui, Dom Helder était capable de se lever le matin en Europe et de dormir au Brésil. Quand il s'agissait de servir la paix et la cause de la justice, il ne se ménageait pas. Cependant, il vivait profondément tout ce qu'il faisait et, chaque nuit, il se réservait un temps d'intériorité et d'oraison. Avec son calendrier, cela exigeait certainement de lui une immense capacité pour organiser son temps et maintenir une discipline intérieure. Et pourtant, il réussissait à s'y tenir. Qui voit l'énorme volume que représente sa correspondance de l'époque du concile Vatican II peut se demander comment il réussit à participer intensément aux sessions conciliaires, à animer un groupe important d'évêques et de théologiens, à organiser des rencontres et des réunions de formation et à préserver encore un temps long et calme pour lui-même. C'est cela qui lui a permis de laisser une immense œuvre écrite, de laquelle tout n'a pas encore été publié.

À l'époque où je l'ai connu, j'entendais ici et là des gens qui disaient qu'il communiquait bien avec les foules, mais pas avec les personnes individuellement. Il n'aurait pas été homme à entretenir des relations personnelles. De mon expérience avec lui, je retire qu'il serait injuste de confirmer cette critique. Il était ouvert aux relations personnelles et savait les approfondir. Mais il était jaloux de son temps et de son intériorité.

Une de ses chroniques à Radio Olinda en parlait. Il l'intitula « Le Grand Silence ». Cela commençait avec un poème, composé au cours d'une de ses veilles nocturnes : « Dans le silence des arbres, reste encore le mouvement des branches agitées par le vent... Dans le silence des eaux, reste encore le clapotis des vagues ou le chant du courant qui passe sur les pierres... Dans le silence des cieux, reste le scintillement des étoiles chargé de messages. Apprends qu'il ne suffit pas de se taire pour atteindre le silence... Tant que les soucis t'agitent, tu ne pénètres pas encore dans l'espace du grand silence. C'est là, seulement là, qu'on entend la voix de Dieu. » Il concluait la chronique en disant : « Quand les mots disparaissent, quand les soucis s'endorment, quand nous nous abandonnons, en vérité, dans les mains du Seigneur, le grand silence nous plonge dans la paix, dans la confiance, dans la joie... Et la voix de Dieu se fait entendre[4] ! »

Dom Helder aimait observer les petits détails de la vie, et il en tirait le principal matériau de ses prières et de ses poèmes. Un ciel gris le faisait écrire sur le contraste avec quelque chose de joyeux. Des gens, parfois, s'étonnent devant des poèmes qui sont de simples réflexions pleines de bonne humeur. Celui-ci, par exemple, dont le titre lui-même est ironique : « Avertissement à celui qui réussit ». Le texte est simplement : « Il n'est pas facile de conserver, dans un corps de Cadillac, une âme de deux-chevaux[5]... »

Une fois, peut-être la dernière année où j'ai travaillé avec lui, je suis allé avec lui à une rencontre de jeunes dans le Paraíba. J'ai entendu que, dans la voiture, il fredonnait pour lui-même une musique. Par curiosité, j'ai tendu l'oreille. C'était la même que Dom Helder me fera entendre sur le disque qu'il remportera le soir. À l'époque, je ne la connaissais pas encore. Lui l'écoutera tellement qu'il la répétait intérieurement comme une prière. Il s'agissait de « Chasseur de moi » que Milton Nascimento venait de lancer : « Par tant d'amour, par tant d'émotion, la vie m'a fait ainsi : doux ou atroce, calme ou féroce, moi, chasseur de moi. »

## S'ouvrir à l'autre

« J'aime la solitude peuplée. Peuplée avec le Seigneur et peuplée de tous les hommes du monde[6]. »

Parfois, l'intimité paraît opposée à l'ouverture au collectif. Dans toute sa vie, Dom Helder a réussi à harmoniser son goût pour les relations humaines, spécialement le fait de fréquenter les foules, avec une profonde et constante culture de l'intériorité.

Comment le Dom pouvait-il être cet homme qui adorait les médias, était fier du succès qu'il avait auprès de la presse du monde entier et qui, en même temps, était une personne extrêmement simple et humble dans la relation quotidienne avec nous et, de toute évidence, avait une riche vie intérieure ?

Qui vivait avec lui percevait clairement que son attention aux pauvres et sa capacité de communication venaient du plus intime de son être. Dans l'intériorité de Dom Helder il y avait toujours place pour l'autre, principalement le pauvre et le différent. Sa spiritualité n'était pas centrée sur lui-même. Sa prière était : « Arrache-moi, Seigneur, des faux centres. Surtout, défends-moi de placer en moi-même mon propre centre... Comment ne pas comprendre, une fois pour toutes, qu'en dehors de Toi, tout et tous nous sommes excentriques[7] ? »

Il voulait être une personne excentrique, c'est-à-dire ne pas avoir le sens de son être en lui-même, mais dans l'autre. Même aux premières heures du jour, qu'il se réservait pour lui-même, il partageait avec d'autres auxquels il écrivait chaque nuit une lettre circulaire, aboutissement de sa veille. Pour lui, accueillir et écouter l'autre faisait partie de sa démarche spirituelle et de sa formation intérieure. Une fois, au retour d'un de ses déplacements à pied dans les rues de Recife, il écrivit un poème qui raconte sa réflexion sur l'intériorité ouverte à l'autre et son choix de vie d'être toujours ouvert. Le titre est suggestif : « Arrête-toi toujours, accueille toujours... » Le poème n'a qu'une phrase qui dit : « Passent les autobus, pressés, sans s'arrêter, affichant ce que je ne dois jamais afficher : *complet*[8]. »

Un autre poème, composé durant une veille, est une parole qu'il écrivit avant tout pour lui-même : « Dépasse-toi toi-même chaque jour, à chaque instant... Non par vanité mais pour répondre à l'obligation sacrée de contribuer toujours plus et toujours mieux à la construction du monde... »

Cette ouverture à l'autre avait un caractère de solidarité. Il vivait et enseignait : « Les gens te pèsent ? Ne les porte pas sur tes épaules ! Prends-les dans ton cœur[9] ! » Pourtant, au-delà de la solidarité, l'ouverture à l'autre avait pour lui un caractère de correction permanente de soi-même. Ce fut lui qui, pour la première fois, me cita la parole du pasteur Dietrich Bonhoeffer : « Dieu donne Sa parole à l'un pour l'autre. Le Christ est en moi pour toi et Il est en toi pour moi. Pour moi-même, le Christ qui est en moi est faible. Il est fort pour toi, et vice-versa. » Ce fut cette profonde conviction intérieure qui poussa Dom Helder à répéter sans cesse, dès son arrivée à Recife : « Si tu n'es pas d'accord avec moi, tu m'enrichis. » C'est le titre d'un de ses poèmes qui dit : « Si tu es sincère, que tu cherches la vérité et essaies de la trouver comme tu peux, je gagnerai en ayant l'honnêteté et la modestie de compléter ma pensée avec la tienne, de corriger mes erreurs, d'approfondir ma vision[10]… »

Pour Dom Helder, l'autre était la personne concrète qui frappait à sa porte et il laissait tout pour l'accueillir ; c'était aussi l'autre comme groupe ou comme communauté, ou même un peuple différent avec lequel il entrait en dialogue. Je crois que l'attention qu'il accordait à l'autre individuellement le préparait à accueillir et dialoguer avec l'autre comme groupe ou collectif.

C'est lors d'une de nos rencontres des mercredis que j'ai reçu de lui une de mes premières leçons. Il m'accueillait lui-même au portail et m'emmenait dans la pièce où nous passions en revue les thèmes à aborder. Un détail me dérangea bientôt : à chaque instant, quelqu'un frappait à la porte. Il interrompait la conversation et allait l'accueillir, s'attardant toujours cinq minutes ou plus. Une fois, je le vis qui consolait une pauvre femme qui pleurait je ne sais pourquoi. Une autre fois, il me sembla qu'il faisait entrer une prostituée dans le jardin pour qu'elle ne pense pas qu'il avait moins de considération pour elle. Il était difficile de tenir une réunion parce que, à neuf heures, il partait pour l'ancien palais des Manguinhos et, pendant le temps de la rencontre, il était constamment interrompu. Je ne sais combien de rencontres après, je me suis permis de proposer : « Dom, au moins quand vous êtes en réunion, demandez qu'on attende à la porte. »

J'ai senti que ma proposition le touchait et il se mit à réfléchir. J'ai pensé que, la fois suivante, la question serait résolue. La semaine suivante, ce fut encore pire. Il comprit que j'attendais qu'il trouve une solution.

Il dit, comme s'il réfléchissait à voix haute :

— J'ai pensé sérieusement à demander à quelqu'un de m'aider à recevoir à la porte. Mais, soudain, j'ai eu une crainte : « Et si celui qui frappait était un pauvre ? » Comment puis-je perdre le privilège de le recevoir personnellement ?

Comme il disait cela avec toute la véracité de son cœur, j'acquiesçai. Je ne m'attendais pas à la conclusion : « Ils n'ont personne qui les valorise. Tout arrêter pour les accueillir est plus important que nos réunions. »

Jamais plus je ne lui fis d'autre proposition semblable. J'ai compris combien son option pour l'autre était profonde et se concrétisait prioritairement dans la communion avec les plus pauvres. Plus tard, il s'ouvrit à un ami : « Certaines fois, dans la journée, il m'est arrivé d'accueillir quarante, soixante, quatre-vingts et jusqu'à cent personnes. Ce qui me chagrine le plus, c'est que ce sont des cas qui, très souvent, ne peuvent pas attendre. Quand ça peut attendre, tant mieux. Mais c'est rare… Mais chaque fois que je raccompagne une personne à la porte et que je reviens avec une autre, je veux accueillir cette nouvelle personne avec la même attention, je veux l'écouter, même si je suis fatigué, je veux traiter chacun comme si je n'avais rien d'autre à faire, comme s'il n'existait que cet individu. Pourtant, quand je fais entrer cette personne, je plaisante avec le Christ. Je lui dis : "Christ, ne T'efface pas autant en moi ! Vois par mes yeux, écoute par mes oreilles ! Toute l'attention, Christ ! Vois par mes yeux, écoute bien ce que cette personne va dire et, si possible, parle par mes lèvres !" Alors, qu'est-ce qui arrive ? Je plaisante avec le Christ. À la fin de la journée, celui qui est fatigué, c'est Lui[11]. »

## Accueillir l'autre, quel qu'il soit

L'accueil de l'autre était partie intégrante de l'engagement personnel du Dom, tant dans son attention particulière aux plus pauvres que dans sa volonté constante d'unir les personnes. Et cela aussi bien dans les relations les plus proches que dans le travail œcuménique.

Signe qu'il se considérait comme un frère parmi d'autres et vivait son intériorité dans la relation communautaire : il consultait les autres en tout et pour tout. Il aimait dépendre de l'opinion de conseillers (-ères), même pour des très petites choses. Il y eut une époque où il préparait ses sermons importants en consultant des amis et des personnes qui l'aidaient. J'ai toujours été impressionné par sa capacité à travailler en équipe, et de voir comme il valorisait la participation et la contribution de chacun. Il avait une capacité immense à réunir autour de son projet des personnes extraordinaires, aux capacités incroyables, des talents très divers et qui acceptaient de collaborer dans des conditions modestes et presque bénévolement. À voir, aujourd'hui, l'histoire, et à revoir l'Église de Recife dans les années 1960, je dois avouer que je ne connais pas d'évêque qui ait réussi à réunir autour de lui-même et de son œuvre une équipe aussi incroyablement compétente et brillante que celle que Dom Helder réunit pour la pastorale et la formation de son Église. Qui réussirait, facilement, à réunir, dans le quotidien du même travail, des hommes comme Joseph Comblin, un des plus brillants et plus profonds théologiens que le monde ait connu au XXᵉ siècle, un théologien et historien de la stature intellectuelle d'Eduardo Hoornaert, un spécialiste de la spiritualité et de la pastorale comme René Guerre qui avait été assistant international de l'Action catholique, un homme de la stature morale et de la bonté humaine de Zildo Rocha à qui le Dom confia pendant plusieurs années le séminaire régional du Nordeste et qu'il prit toujours comme conseiller ? Sans parler de Marcelo Carvalheira, Ernanne Pinheiro, Arnaldo Cabral, le père Edvaldo Gomes et tant d'autres qui faisaient partie du groupe des assistants et des conseillers. Je me rappelle les grands noms du début du ministère du Dom, mais c'était un groupe qui se renouvelait toujours et s'ouvrait à de nouveaux arrivants à la fin des années 1960 et dans les années 1970. Et vous constatez que je n'ai parlé que des hommes. Mais j'ai déjà dit que le Dom avait toujours cru à l'égalité et à la complémentarité fondamentale de l'homme et de la femme. Tout le monde sait que, à l'époque où il vivait à Rio, tout ce qu'il faisait s'appuyait sur des femmes comme Virginia Cortes de Lacerda (Virgininha), Aglaia Peixoto et tant d'autres. À Recife, outre sa secrétaire Zezita, toujours présente, il y avait des religieuses comme Árnia Escobar, ainsi que mère Carvalho (que le Dom et nous, les amis, appelions « Carvalhinho* »), qui furent des adjointes de communication sociale et des amies très proches qui nous aidaient dans les réunions de l'équipe pastorale depuis que je participai à ces réunions. Très souvent, je les rencontrais en compagnie du Dom. Je pourrais en citer des dizaines d'autres, comme Anita Paes Barreto qui, au début, aidait Dom Helder comme conseillère pour les questions d'éducation ; Margarida Serpa Coelho (Peggy) ; Ivone Gebara qui fut directrice de l'ITER** ; Pompéa Bernasconi qui coordonna pendant des années le travail œcuménique d'appui et de solidarité aux victimes des inondations ; et tant d'autres femmes qui eurent des fonctions centrales dans l'archidiocèse, encore organisé à l'intérieur des moules patriarcaux en vigueur dans l'Église catholique. Je n'ose pas énumérer ici les nombreuses auxiliaires et secrétaires particulières du Dom qui l'aidaient aux Manguinhos et aux Frontières, et faisaient ainsi partie de ce qu'on appelait la « famille de Mecejana ».

Il avait sa manière à lui de mettre tout le monde au travail, de faire confiance à chacun, de stimuler la créativité et, sans jamais contrôler, d'être capable de coordonner ce monde d'initiatives et de talents, parvenant à ce résultat incroyable et impressionnant : garder cet énorme groupe uni et solidaire. Jamais je n'ai eu connaissance de grandes divisions ou d'impossibilités de

---

* *Carvalho* : chêne ; *carvalhinho* : petit chêne.
** ITER : Institut de théologie de Recife, fondé par Dom Helder en 1968, ouvert aux congrégations religieuses et aux laïcs, ne tarda pas à devenir un lieu d'échange et de réflexion à partir de la réalité du Nordeste.

travailler en équipe de la part de tout ce cercle d'amis et de compagnons. Le Dom vivait entouré de femmes et, autant à cause du sérieux de celles-ci que de son habileté personnelle, dans les premières années, il n'y eut pas de commentaires malicieux (il y en eut à la fin des années 1970, mais alors, cela fut peut-être dû à d'autres facteurs).

En 1966, à 22 ans et n'ayant pas achevé ma formation théologique, j'avais conscience de ne rien connaître à l'œcuménisme et de n'avoir que très peu de possibilités d'être utile à un évêque comme Dom Helder dans sa mission œcuménique. J'étais impressionné par le sérieux avec lequel il me consultait et écoutait mon avis sur les sujets les plus divers ayant trait à cette démarche de recherche de l'unité. Il me montrait les discours qu'il devait faire dans les universités protestantes pour que je l'aide à les corriger. Il me fit écouter la conférence qu'il devait prononcer à la Conférence mondiale de religions pour la paix (Kyoto, Japon, 1970). Ma contribution fut minime. Dans le discours de parrainage qu'il devait prononcer à l'université méthodiste de São Bernardo de Campo (État de São Paulo), je vis qu'il utilisait le verbe *rezar* (prier, réciter) et je lui dis :

— Communément, au Brésil, les protestants, du moins ceux de culture populaire, comprennent ce mot comme une répétition de formules. C'est pourquoi ils ne disent jamais « réciter » (*rezar*) mais « prier » (*orar*).

Il me remercia et changea immédiatement le mot. Pour le discours de Kyoto, je fis remarquer qu'il étendait aux religions le concept que la Conférence épiscopale de Medellín (assemblée des évêques latino-américains en Colombie, en 1968) avait consacré aux Églises : « La nature de l'Église du Christ est de servir la vie et la liberté de tout être humain et de l'être humain tout entier. » Il appliquait cela à toutes les religions et par rapport à la paix du monde. Mais à cette époque, je lisais les auteurs de la théologie de la sécularisation et j'étais influencé par Barth. Je considérais toutes les religions comme idolâtres et ayant besoin d'être dépassées. Le Dom était plus capable de faire la synthèse et plus confiant. En ce sens, même avant que ce terme soit employé, il était macro-œcuménique.

## S'ouvrir aux autres Églises : l'œcuménisme

Avant que les autres pasteurs et l'ensemble de l'Église pensent et parlent d'œcuménisme, le Dom portait une attention spéciale aux personnes des autres Églises et des autres religions. Dès son arrivée à Recife, en 1964, il manifesta de diverses manières son désir de dialogue avec les Églises protestantes, avec les communautés des autres religions et même avec des groupes et des partis politiques de gauche, engagés dans la recherche de la justice et de la paix. Sa manière d'interpréter la foi intégrait cette ouverture à l'autre ; une dimension œcuménique qui venait de l'évangile et s'exprimait dans la recherche d'une collaboration de tous au service de la paix et de la justice.

Dom Helder apprit beaucoup du pape Jean XXIII. Il racontait qu'une des premières fois où, alors qu'il était encore évêque auxiliaire de Rio de Janeiro, il rencontra à Rome le pape Roncalli, il lui fit une présentation complète de ses réalisations sociales avec les pauvres de Rio, et parla des bienfaits de la Croisade de Saint-Sébastien. Le pape l'écouta avec la plus grande attention et, à la fin, lui dit : « Dom Helder, vous faites des choses merveilleuses. Mais je vous donne un conseil : changez le nom de cette œuvre ! Croisade est un mot qui évoque tant de violences sur les autres… N'utilisez plus ce mot ! » Ce fut encore Jean XXIII qui lui enseigna : « La même vérité qui divise les êtres humains peut être dite de manière à unir les personnes et non à les diviser. » C'est ce que Dom Helder a toujours cherché, et c'est pour cela qu'il était un homme œcuménique, même lorsque sa manière de croire était différente ou même contraire à celle des personnes avec lesquelles il dialoguait.

Avant que l'Église catholique ne s'engage en tant que telle sur les chemins de l'œcuménisme, Dom Helder était considéré comme un ami des protestants et des personnes des autres religions. Au concile, il fut un des premiers évêques catholiques à se lier d'amitié avec le frère Roger Schutz\*, de Taizé, et avec les

---

\* Fondateur de la communauté œcuménique de Taizé. Il fut assassiné à Taizé, en 2006, pendant la prière du soir, par une déséquilibrée.

observateurs protestants. Ce fut grâce à cette amitié que frère Roger proposa d'envoyer à Olinda un petit groupe de frères de Taizé. Vivre en communauté avec eux fut ma première et forte expérience œcuménique.

À Recife, les secteurs conservateurs de la société et même de l'Église accusaient Dom Helder d'être plus un militant politique qu'un évêque, plus un communiste déguisé qu'un pasteur de l'Église. Mais il vivait l'exigence de justice à partir de sa conviction intérieure. Il était convaincu que « la véritable racine du mal est l'égoïsme ». Il disait : « Nous ne serons capables d'aider l'humanité à échapper à la situation pré explosive dans laquelle elle se trouve, que si nous prenons en compte :
• que l'égoïsme a atteint un niveau international : ce n'est plus seulement individu contre individu, groupe contre groupe, mais pays contre pays ;
• que l'égoïsme doit être combattu avec intelligence et de manière positive d'abord au plus intime de chacun. »

## *Prendre soin de la création*

Avant les années 1980, le thème de l'écologie tel que nous le connaissons actuellement n'était pas très développé, du moins au Brésil. Bien que sa théorie se soit développée dès le XIXᵉ siècle et qu'elle ait déjà eu de grands pionniers durant tout le XXᵉ siècle, l'écologie n'a conquis sa popularité qu'à partir des années 1980. Depuis lors, les partis verts, les conférences sur l'environnement et les avertissements des scientifiques sur la destruction de la planète Terre se sont multipliés. Dans les Églises chrétiennes aussi, dans les années 1980, les organismes de pastorale populaire et les théologiens et théologiennes liés à la cause de la libération ont développé ce thème dont Leonardo Boff* dit toujours qu'il le considère comme encore peu valorisé.

---

\* Franciscain, ordonné prêtre en 1964, il a enseigné la théologie au Brésil où il est apparu comme l'un des principaux théologiens de la libération. Il a écrit de nombreux livres et fut conseiller de la Conférence épiscopale du Brésil. Interdit de prédication par le Vatican, il quitta le sacerdoce et les franciscains pour s'engager dans un service d'organisation populaire d'aide aux mères et aux enfants des rues.

Qui a connu Dom Helder sait que, depuis les années 1960, à cause de son profond attachement à saint François, il vivait et exprimait une spiritualité écologique. Son amour des animaux le faisait paraître presque ridicule. Sœur Agostinha, conseillée par le Dom dans ses années de jeunesse, donne ce témoignage :

« De cœur et de pratique, Dom Helder est un esprit dans la ligne franciscaine. Un jour, il posa une éclisse sur la petite patte d'une grenouille qui ne pouvait plus sauter, et la laissa dans un coin de son minuscule jardin. Le lendemain, de très bonne heure, la petite grenouille avait disparu, ce qui, évidemment, laissa supposer que l'improvisé chirurgien des batraciens avait grandement réussi son opération... (...) Dom Helder n'a pas de chien chez lui, mais il salue tous les petits chiens des alentours, souriant, chaque fois qu'il en croise un. Il s'adresse à eux comme à des petites bêtes de Dieu. Dans son petit jardin, il parle avec les roses, avec les fourmis, quand il les voit manger les roses[12]... »

À partir des années 1980, le thème de l'écologie et de la défense de la Création, comme il disait, commença à apparaître avec plus de force dans son programme de vie et d'action, lié à la paix et à la justice. On peut dire que l'attention à la nature est un des héritages de Dom Helder pour l'humanité actuelle. Il insistait sur le fait que les solutions politiques et techniques sont importantes pour rendre à la nature l'intégrité que la technique moderne lui a volée. Pourtant, ces solutions scientifiques ne suffisaient pas. Le Dom était convaincu que le fondement de l'attention à la nature devait être une spiritualité qui crée une culture nouvelle d'amour et de respect de l'être humain pour la vie et pour les conditions de vie de tout être vivant. Il vivait cette spiritualité et en témoignait dans sa relation aux autres et dans sa prière quotidienne.

## La source où le Dom puisait son énergie

Un jour, je lui demandai où il puisait cette énergie. Il me répondit :

— Je bois cette force dans la fréquentation intime et permanente de Dieu.

Ce n'est que plus tard que je découvris le secret de ses veilles nocturnes. Le monde actuel, avec l'électricité et les modes de vie urbains, vit une organisation du temps dans laquelle jour et nuit se confondent. Il n'existe plus d'activités qui ne peuvent se réaliser qu'à la lumière du jour et d'autres propres ou réservées à la nuit. Pour autant, la nuit n'a pas perdu son charme et les amoureux préfèrent le calme de la nuit et la lumière poétique du clair de lune comme contrepoint à leurs rencontres passionnées. Depuis l'Antiquité, celui qui aime Dieu privilégie aussi la nuit comme temps privilégié pour savourer l'amour divin. D'après les Évangiles, Jésus Lui-même passait des nuits, en haut de la montagne, en prière (cf. Lc 6,12).

Je ne sais depuis quand Dom Helder avait pris l'habitude, chaque nuit, de se lever à deux heures et demie du matin pour prier, réfléchir et veiller*. Quand le Dom parlait de veilles, moi, moine bénédictin, j'imaginais qu'il allait à la chapelle, priait les psaumes et méditait l'Évangile. De fait, il faisait aussi cela. Mais l'axe principal de la veille était une profonde rencontre avec lui-même. Une fois, je l'entendis dire que l'aube était le temps qu'il se réservait pour lui-même comme condition de la rencontre avec Dieu. « Qu'en serait-il de moi sans ce temps de réapprovisionnement intérieur ? » « Quand le ciel touche la terre, nous pouvons parler de tous les problèmes des hommes et de tous les mystères de Dieu. »

En 2004, Zildo Rocha, un des amis et assistants du Dom, présenta à Brasília, au siège de la Conférence des évêques du Brésil (CNBB), le premier recueil des circulaires, résultant des premières veilles de Dom Helder durant le concile Vatican II. Dans sa conférence pour expliquer les veilles, il affirma : « Luis Carlos Marques, se basant sur des études de la chercheuse Jordana Leão, a découvert que le jeune père Helder écrivait chaque jour à Virginia Cortes de Lacerda, une grande amie à lui, "dissertant sur des questions au jour le jour et sur ses attentes et projets, dans le but de préserver l'affinité intellectuelle et spirituelle qui existait entre eux". On trouve ici l'embryon d'habitude qui, plus

---

* Depuis son ordination, en 1931.

tard élargie aux familles de São Joaquim et de Mecejana, ferait surgir les 2 122 lettres circulaires que Dom Helder écrivit durant et après le concile Vatican II, de 1962 à 1982. »

Zildo explique encore le sens profond de ces veilles où le Dom priait et ensuite écrivait : « Comme l'a bien observé le père José Oscar Beozzo, la veille de Dom Helder a quelque chose de monastique, particulièrement si on comprend le monachisme de manière plus large et profonde, comme l'a décrit Raimon Panik-kar, dans son livre *Éloge de la simplicité – le moine comme arché-type universel*. Selon ce théologien d'ascendance hindoue et né en Espagne, "être moine n'est pas le monopole de quelques-uns mais une source de richesse pour beaucoup, qui peut être gaspillée ou, au contraire, que peuvent s'approprier des personnes différentes, à divers niveaux de pureté et de conscience (p. 31). Être moine est une dimension constitutive de la condition humaine (p. 24). Tout le monde n'est pas capable de s'enfermer dans un monas-tère, mais tout être humain porte en lui la dimension monastique (p. 29). Le principe fondamental qui en découle est celui de la 'simplicité bien aventurée' (p. 52). Le monde est compliqué et nous nous découvrons incapables de dominer cette complexité des choses qui, tout à la fois, nous attire et nous déconcerte. Le moine qui existe en chacun de nous cherche le centre et dit non à la multiplicité de tant de choses qui, dans la vie, ont l'apparence de l'être mais ne sont pas. Dieu est simple. Brahma est le simple absolu et le but de la vie est de parvenir à la simplicité totale (p. 53). Une telle recherche du centre, pourtant, ne signifie pas fermeture sur soi, ou négation de la vie mais, comme dans la croix, elle est l'intersection des quatre directions de la réalité en un point harmonieux et équidistant des quatre extrêmes. Cette dimension monastique en nous prétend atteindre le centre, le transformant non en un point sans une quelconque dimension, mais en une sphère parfaite qui contient tout" (p. 60). »

Sur ce thème, Dom Helder écrivait : « Pendant ma veille, je tâche de refaire l'unité dans le Christ. Et, ensemble avec Lui, je revis les rencontres de la journée. Je retrouve cette mère de famille qui m'a dit ses problèmes avec son mari, ses enfants, la faim dans sa maison. Et à travers cette mère très concrète, que je connais par son nom, je découvre toutes les mères du monde entier et de tous les temps : les pauvres, les riches, les heureuses, les malheureuses. Ou je retrouve ce travailleur qui était là, dans la rue, qui ramassait les poubelles. Je l'avais regardé. Il n'osait pas me donner la main. J'ai presque dû le forcer : "Mon ami ! Ce qui salit nos mains, ce n'est pas le travail ! Aucun travail ne salit les mains. C'est l'égoïsme qui salit." Cet homme-là, ce Francisco ou cet Antonio, il me rappelle les travailleurs du monde entier et de tous les temps. Alors, je dis à notre frère le Christ : "Seigneur, deux mille ans après Votre mort, les injustices sont toujours plus lourdes[13]". »

Il répétait toujours : « Pour moi, je suis aussi sûr de l'existence du Christ que de l'existence de ma main avec ses cinq doigts que je vois, que je touche. Jésus, je Le rencontre chaque jour. Et nous sommes un. Comment en douter[14] ? »

## Une prière enracinée dans le quotidien

Pour moi, davantage habitué à la prière liturgique et à une relation à Dieu plus formelle, j'ai appris avec Dom Helder à relier la foi à la vie concrète, particulièrement à l'attention aux personnes et à tous les êtres vivants dans le quotidien de la vie.

Dom Helder parlait avec Dieu en parlant avec lui-même. Pour lui, Dieu n'était pas quelqu'un hors du quotidien de la vie ou coupé du monde. Dans une de ses prières, il s'exprime ainsi : « Viens, Seigneur, viens ! Je ne Te demande pas de venir sur la terre, où Tu viens à chaque messe, où Tu es dans chaque taber- nacle, où Tu vis dans chaque pauvre... Je ne Te demande pas de venir en moi puisque, depuis le baptême, nous sommes un. La venue que je Te demande aujourd'hui est Ta venue à la surface de mes yeux, de mes oreilles, de mes lèvres, de mes mains... Vois au travers de moi, écoute avec moi, parle par mes lèvres, agis par mes mains[15] ! »

Il n'était pas un grand théologien. Son intelligence impres- sionnante et sa sensibilité aiguë l'avaient ouvert au monde, le rendant capable d'un regard critique et très lucide sur la réalité. Sur l'Église et les thèmes de la foi, il lisait beaucoup et, par un choix personnel qui me semblait parfois plus affectif et existentiel que rationnel (mais cela est plus important et difficile), il se situait toujours du côté des plus pauvres et de ceux qui luttaient pour plus de liberté et d'ouverture. Sa spiritualité personnelle conservait des traces traditionnelles catholiques (je ne dis pas traditionalistes). Il aimait la messe quotidienne et a toujours entretenu une grande dévotion à l'eucharistie. Il confessait que, pour lui, chaque messe qu'il célébrait était comme la première. Je pense que qui l'a vu célébrer le ressentait ainsi. Souvent, on le voyait pleurer pendant la célébration. Et beaucoup de ses poèmes sont des prières pour la célébration de l'eucharistie. En même temps, il cherchait toujours à relier la mystique du Christ dans l'eucharistie à la profonde conviction de la présence divine dans les personnes pauvres et marginalisées. Il souffrait quand il sentait que les chrétiens séparaient les choses.

Le moment privilégié de son intimité avec Dieu était l'aube de chaque jour. Il pouvait se coucher tard, il se réveillait à deux heures et demie pour « courtiser l'amour ». Il était éveillé à ce moment par le bruit d'un réveil qui était ainsi devenu pour lui « un compagnon indispensable ». Dans une de ses circulaires, il se réfère joyeusement à celui que Mgr Tapajós (« le Tapa ») lui a rapporté de Lourdes et qui le faisait se réveiller pour sa veille au son de « Ave, Ave, Ave Maria » et, dans une autre il souligne la délicatesse de Lilia qui lui en a procuré un pour remplacer le sien qu'il avait oublié d'emporter, « sachant, comme elle le sait, qu'il s'agit, pour moi, d'un compagnon indispensable ».

On trouve dans *Um olhar sobre a cidade* (« Un regard sur la ville ») cette page admirable qui donne bien une idée de l'état intérieur qu'il vivait dans cette première partie de la veille : « Un Père qui est père et une Mère qui est mère acceptent, avec joie, les cadeaux rapportés par leurs enfants, si pauvres et simples soient-ils… Pourquoi, alors, ne pas offrir à Dieu tout ce que nous voyons, contemplons, avec nos yeux émerveillés ou avec l'aide de notre imagination créatrice ? Les premiers cajous, les premières mangues, les premières jacas*, les premiers fruits

---

* Gros fruit du Nordeste brésilien.

savoureux que nous trouvons ? L'imagination peut nous emmener au fond de la mer : pourquoi ne pas offrir au Père les poissons de toutes tailles, de toutes formes et de couleurs si variées, avec des manières de nager et de plonger qui font penser à un ballet ? L'imagination peut encore nous emmener au sommet des montagnes : de là, nous pouvons cueillir les premiers rayons de la lumière, pas encore abîmés, pas encore pollués, tels qu'ils ont jailli du Pouvoir créateur... Réveillez-vous, interprètes de la Création et chantres de Dieu ! Quelle merveille attend pour être, de désir, de cœur, prise dans les mains et présentée au Seigneur et Père[16] ?... »

Je me rappelle qu'une des premières fois où il est venu célébrer l'eucharistie au monastère, je suis arrivé à la sacristie un peu avant la messe pour le saluer. Il avait pris une chaise et était assis face au mur, à l'écart, pour prier un peu avant le commencement de la messe. À présent, chaque fois que j'entre dans une cathédrale ou une église, avant une célébration importante, je me rappelle comment Dom Helder se préparait pour les grandes célébrations et évitait l'agitation et aussi une certaine atmosphère de superficialité fréquente en ces occasions.

## Rester libre face au succès personnel

Souvent, le succès grise et rend fou. Il est fréquent de voir des artistes, des hommes politiques et des responsables religieux changer profondément en devenant célèbres. Ils changent, et pas toujours en mieux. Depuis les années 1950, le Dom est devenu une des personnes les plus célèbres et connues du Brésil. Quand je l'ai connu à Recife, il était déjà l'évêque catholique le plus célèbre et le plus important du monde. Pourtant, plus nous étions proches de lui, plus nous pouvions constater sa profonde simplicité et le réalisme avec lequel il se voyait lui-même.

Comme tout artiste, il avait un côté vaniteux. Une vanité presque naïve et enfantine. Pourtant, derrière ce goût pour les micros et les caméras de télé, on pouvait toujours reconnaître un homme profondément humble. Il aimait se comparer au petit âne qui portait Jésus entrant dans Jérusalem. Ce fut certainement cette humilité qui lui fit toujours pardonner à ceux qui lui faisaient du mal. Une chose était d'être critiqué de manière honnête, une autre de recevoir des attaques d'ennemis qui le haïssaient et pouvaient utiliser les médias dans lesquels il ne pouvait ni se défendre ni s'exprimer. Il connaissait des personnes qui, par principe et systématiquement, lui étaient opposées et ne s'en cachaient pas. Quel que fût le sujet, venant de Dom Helder, ils prenaient le parti opposé et de la manière la plus hostile qui soit. Quand le Dom arriva à Recife, il comprit vite que, parmi les personnes qui lui étaient opposées, il y avait deux prêtres qui exerçaient, dans l'archidiocèse, d'importantes fonctions impliquant la confiance de l'archevêque. Pour s'être publiquement opposés à l'archevêque, ils étaient certains qu'ils seraient rapidement remplacés. Quand, vingt et un ans après, en 1985, le Dom cessa d'être l'archevêque de Recife, tous deux tenaient toujours les postes qu'ils occupaient en 1964. Dom Helder les maintint toujours à ces postes de prestige qu'ils aimaient et il les écoutait chaque fois qu'il le fallait.

Dans ses circulaires de l'époque du concile, chaque nuit, il revoyait dans la prière ce qui s'était passé le jour précédent et partageait avec les siens ces expériences. Plusieurs fois, cette rumination quotidienne de son « hier » et de son « demain » exigeait de lui une bonne dose de simplicité, particulièrement quand il rapportait des faits qui manifestaient les éloges qu'il recevait ou des signes de son prestige. Ainsi, par exemple, dans une circulaire, il raconte la rencontre avec un cardinal autrichien[*] qui lui baise la main et, parlant en latin, lui prédit le cardinalat (*Aliquando cardinalis eris*, « Quand vous serez cardinal »). Une autre fois, il rapporte les compliments qu'il a reçus du pape Paul VI : « J'admire la hauteur et la beauté de vos plans. Vous seul savez penser aux dimensions du monde et de l'Église. » « La richesse de l'Église réside dans des hommes comme vous… » Une autre fois, un groupe d'admirateurs enthousiastes crie son nom et le salue comme le nouveau pape Jean XXIII.

---

[*] Il s'agissait, en fait, d'un archevêque hongrois.

De telles confidences peuvent paraître présomptueuses. Il est bon de rappeler qu'il écrivait ces circulaires pour ses plus intimes. Pour ces personnes, il pouvait écrire à cœur ouvert. Il leur disait, dans la circulaire du 13 novembre 1962 : « Pardonnez-moi si j'entre dans des détails qui peuvent donner l'impression que je m'étourdis et crois à ma propre valeur. Que je me considère comme le centre du monde. Dieu sait que ce danger – grâce à Lui – n'existe pas. Ce qui arrive est tellement hors de proportion avec mes forces que je n'ai même pas la tentation de le penser. Il est vrai que je fais attention : je redouble de prières. La veille se prolonge jusqu'à ce que je tombe de sommeil et de fatigue[17]. »

Je crois que Dom Helder vivait cela pleinement. Il exprimait cette dimension personnelle dans tout ce qu'il faisait et disait. Il donnait une tournure personnelle à chaque rencontre à laquelle il participait et aux célébrations qu'il vivait. Il attribuait à chacun de ses proches un surnom que lui seul utilisait. Même pour lui, il utilisait des pseudonymes. « Il signait "père José" quand il s'agissait de méditations et de textes de grande densité spirituelle, et il était "frère François" quand il parlait de l'engagement avec les plus pauvres. » À Rio, sa secrétaire était Cecilinha* qu'il appelait aussi « frère Léon », par allusion au compagnon et aide de saint François d'Assise. Ses amies étaient toutes appelées par un diminutif. Il avait une grande collaboratrice : Maria Luisa Monat Jardim Amarante, épouse d'Edgar Amarante. Il l'appelait « Madaminha* ». Il avait une telle amitié pour Dom José Távora, archevêque d'Aracaju, qu'il l'appelait « Le Moi ». Plus tard, à Recife, Dom Lamartine, son auxiliaire, était tantôt « l'ange gardien », tantôt le « Cireneu** ». Marcelo Carvalheira était Jean l'Évangéliste. En tout cela, il y avait une note d'humour et de tendresse qui venait du plus profond de lui-même : quelqu'un qui vivait profondément les relations, de la même manière qu'il entrait de façon unique et totale dans tout ce qu'il vivait.

---

* En brésilien, le suffixe -inho, -inha est souvent un diminutif affectueux : « Petite Cécile », « Petite madame ».
** Référence à Simon de Cyrène, qui aida Jésus à porter Sa croix.

Sa profonde spiritualité a fait qu'il est toujours resté un homme d'espérance profonde et même optimiste par rapport à lui, aux autres et à la réalité. C'était un homme profondément ouvert aux nouveautés du temps et de l'histoire.

## Un évêque accusé d'être socialiste

Dans un autre chapitre, nous nous pencherons davantage sur la dimension sociale et politique de la prophétie de Dom Helder. Mais comme nous parlons de sa liberté intérieure et de sa capacité à toujours rester lui-même, il est important de remarquer qu'il ne faisait rien pour qu'on ne le prenne pas plus pour un politique socialiste que pour un pasteur de l'Église catholique. Il était ce qu'il était.

Il est difficile, à présent, d'imaginer comment, dans les années 1960, une question divisait les personnes, qu'elles soient religieuses ou non. « Plus des deux tiers de l'humanité souffrent de la faim et un tiers en profite. Les aliments, les vêtements, le logement et la santé qui manquent à l'immense majorité affamée de l'humanité surabondent pour la minorité qui vit dans le luxe. Il n'en est pas ainsi par un quelconque coup du destin, ni par une catastrophe naturelle. C'est le résultat d'une organisation planifiée et entretenue par les organisations qui font partie de ce système. » Mes amis liés aux groupes de gauche disaient : « Il n'existe que deux sortes de personnes : celles qui oppriment ou bénéficient de l'oppression et de la discrimination sociale et, de l'autre côté, celles qui sont opprimées, et celles qui sont solidaires et luttent pour en finir avec cette injustice structurelle du monde. »

Il est clair que je me situais du côté des opprimés (je suis né pauvre et je vis comme un pauvre). Comme chrétien, je voulais participer aux initiatives de ceux qui travaillent et luttent pour la transformation du monde. Au monastère, on m'enseignait que l'essentiel était l'esprit et que la vocation de moine n'était pas l'action sociale. Mais je n'étais pas d'accord avec cet enseignement. À mesure que je fréquentais Dom Helder, je découvrais que la foi et la spiritualité la plus profonde pouvaient être vécues à partir de l'option sociale de solidarité avec les opprimés du monde et, plus encore, de communion amoureuse avec eux, allant jusqu'à devenir l'un d'entre eux.

Dom Helder aimait raconter cette histoire que l'on retrouve dans plusieurs de ses livres d'entretiens : « Quand j'ai été ordonné prêtre, je pensais, comme tous mes collègues dans l'Église, que le pire danger pour le monde et pour l'Église était le communisme. Et pour cela, il était normal que, sur le conseil de l'archevêque, j'entre dans l'intégralisme. Après, j'ai compris que le pire ennemi de l'humanité n'était pas le communisme ; c'était l'injustice, la misère injuste des deux tiers de l'humanité. Et le communisme n'existe que parce que la misère existe. Si le monde était juste et si la richesse de l'humanité était mieux répartie, il n'y aurait pas de communisme. Alors, j'ai compris que le meilleur moyen de combattre le communisme serait de nous engager nous-mêmes pour améliorer le monde, pour travailler pour une société plus juste. Ce fut la deuxième étape de mon itinéraire humain (la première fut mon engagement dans l'intégralisme). Je faisais cela en intervenant dans la presse, en organisant des rencontres, en créant des associations (combien j'en ai créé, mon Dieu !) – jusqu'à ce que, en 1955, j'organise le Congrès eucharistique international à Rio. Un jour, un des invités au Congrès, le cardinal Gerlier, archevêque de Lyon, en France, m'appelle à part et me dit : "Mon frère Helder, pourquoi ne mettez-vous pas au service des pauvres tout le talent d'organisateur que le Seigneur vous a donné ?" Entendre cela, à ce moment, fut pour moi comme de tomber de cheval. Je ressentis ces paroles comme un appel de Dieu. J'étais déjà évêque. Je décidai de revoir toute l'organisation de ma vie. Je regardai dans les yeux cet évêque européen et je répondis : "Tout ce que le Seigneur m'a confié, je promets de le mettre au service des plus pauvres." À partir de ce moment, j'ai changé et encore maintenant, j'essaie d'agir ainsi… C'est la troisième étape de ma randonnée humaine[18]… »

Effectivement, j'ai commencé à mieux comprendre pourquoi Dom Helder était accusé d'être un homme au discours unique. Ses adversaires disaient qu'il se répétait tout le temps. Il changeait sa façon de parler et ses exemples et illustrations, mais le message fondamental était toujours : « Plus des deux tiers de l'humanité vivent dans des conditions infrahumaines de misère et de faim. Ce sont des conditions indignes même pour des animaux. Cela arrive pour diverses raisons, mais perdure parce que 20 % de l'humanité, la partie riche du monde, absorbe 80 % des ressources de la terre, et les 80 % restants doivent se contenter des 20 % de miettes des mêmes ressources. Rien d'important ne changera dans le monde si nous ne réussissons pas à changer cela. »

Ses adversaires disaient que la tâche d'un évêque n'était pas l'engagement social. Beaucoup le considéraient comme un communiste déguisé en chrétien et en évêque. En 1968, Wandenkolk Wanderley, conseiller municipal à la mairie de Recife, déclarait : « Il existe de nombreuses manières d'offenser l'honnêteté. En trahissant l'Église, Dom Helder est un prêtre malhonnête. Il vit en attisant la haine des paysans, des ouvriers et des pauvres. Il mérite le rejet résolu de tous les catholiques bien intentionnés. Il est un instrument du communisme. Pourquoi ne demande-t-il pas au pape de le transférer à Cuba, Moscou ou Pékin[19] ? » L'écrivain Gustavo Corção écrivait continuellement dans divers journaux du pays : « Ce dont nous accusons Dom Helder, ce n'est pas de chercher à secourir les pauvres, mais de se servir de ce drapeau pour politiser l'Église, pour naturaliser le surnaturel, pour aider le communisme sans être communiste, et également pour réussir sa promotion personnelle[20]. »

En fait, si on lui demandait s'il voyait une division entre le matériel et le spirituel, le Dom répondait : « Je ne vois aucune séparation. Tout est uni et Dieu Se révèle dans l'ensemble de la vie. Il n'avance à rien de prêcher l'évangile à un estomac qui a faim. Pour qui est dans la misère, le premier évangile ne peut qu'être de recevoir de la nourriture. Après, cette personne affamée pourra s'ouvrir à un message spirituel. »

Beaucoup insistaient sur le fait que Jésus n'était pas venu sur terre pour remuer la structure sociale – par exemple, Il n'a pas attaqué l'Empire romain – mais pour donner à l'être humain la vie éternelle. Dom Helder ne refusait pas les débats d'idées, mais il refusait absolument de répondre aux polémiques et aux attaques. Je me le rappelle disant en réunion qu'il évitait de lire autant les éloges que les attaques. Ainsi, il se sentait plus libre. Il étudiait beaucoup – il dévorait les théologiens européens et latino-américains et dialoguait avec eux à partir de son expérience de pasteur. Il était convaincu que l'Évangile est une proposition de vie nouvelle et pas, en lui-même, de vie religieuse.

À partir des années 1950, Dom Helder s'est entouré d'experts capables de l'aider à affronter le problème de la misère des deux tiers de l'humanité. Il fut proche du père Louis Lebret, dominicain français spécialiste du développement et fondateur du mouvement « Économie et Humanisme ». Il devint aussi l'ami et apprit beaucoup de l'économiste brésilien Josué de Castro, auteur de la « Géopolitique de la faim* » et spécialiste des mesures nécessaires à ce que, à l'époque, on appelait un « développement intégral ». Et à la fin des années 1950, il se lia d'amitié avec Celso Furtado, un des plus grands économistes brésiliens qui resta son ami et son compagnon jusqu'à la fin de sa vie.

Au début des années 1960, Dom Helder commença à parcourir le monde, cherchant à convaincre ses auditeurs, et principalement les responsables des structures politiques et religieuses du monde, de s'engager de toute urgence dans cette action pour le développement humain et intégral. Il est incroyable de constater à quel point, à cette époque, il avait conscience d'une réalité politique qui, aujourd'hui, apparaît beaucoup plus évidente. Il suffit de rappeler cette affirmation qu'il énonça au début des années 1960 : « Pour arrêter la catastrophe (de la faim et de la misère des deux tiers de l'humanité), il faut réorganiser les relations entre les sociétés et entre les pays. Il faut réformer les structures internationales du commerce. Il faut inventer un nouvel ordre économique international. Vous savez quelle est cette idée : la stratégie du développement intégral. Mais on constate de plus en plus que c'est difficile parce qu'il est difficile de réussir à obtenir de ceux qui commandent la volonté politique nécessaire. »

---

* *Économie et Humanisme*, Éditions ouvrières.

Aujourd'hui, je comprends mieux que les chrétiens de l'époque aient eu peur du Dom. Il semblait toujours attentif à des questions temporelles et moins préoccupé des problèmes internes de l'Église.

« Au début des années 1960, Dom Jaime Camara, cardinal de Rio de Janeiro, n'en voulait plus comme auxiliaire et ne le soutenait pas. À son arrivée à Rome, en septembre 1963, pour la deuxième session du concile Vatican II, il fut étonné d'apprendre que le Vatican (la secrétairerie d'État) avait reçu un dossier le dénonçant comme communiste. Le journal *O Globo** du 28 février 1964 (un mois avant le coup d'État brésilien), dénonçait un livret fait par la CNBB pour l'alphabétisation des adultes comme faisant partie d'un plan de "communication du Brésil", et plusieurs prêtres et évêques proches de Dom Helder d'être complices des communistes et instruments de leurs plans de subversion[21]. »

À Recife, il n'avait pas à affronter l'inimitié du cardinal Dom Jaime qui approuvait même la répression policière. Au contraire, il comptait sur le total appui et la disponibilité de Dom Lamartine, son évêque auxiliaire et bras droit (le Dom disait : « mon ange gardien »). Dom Lamartine assumait les fonctions de coordinateur d'équipes, administrateur de la curie, organisateur de l'Église. Dom Helder voulait amener l'Église à s'engager davantage pour la justice. Il poussait le diocèse à sortir de lui-même et à aller à la rencontre de l'humanité dans un monde vaste et provocateur. Lors d'une des premières rencontres qu'il eut avec les coordinateurs diocésains, son mot d'ordre était clair : « Je veux, de toute urgence, un rapport sur toutes les terres appartenant à l'Église. Nous allons nous mettre en route pour un programme qui, à très brève échéance, nous libérera de nos fiefs. »

Il résidait encore dans l'ancien palais des Manguinhos. Une nuit où il rentrait tard d'une émission de télévision, la porte qu'il avait demandé de laisser toujours ouverte était fermée (« à cause des malotrus qui entrent ici pour mettre la pagaille »,

---

* Un des plus grands quotidiens brésiliens.

disaient les employés). Le Dom resta dehors et, le jour suivant, il se mit à la recherche d'une maison plus simple pour y vivre. Moins d'un mois plus tard, il commençait une véritable réforme agraire en trois exploitations agricoles qui appartenaient, totalement ou en partie, à l'archidiocèse. Il partagea aussi tous les bâtiments urbains qui étaient au nom de l'Église. Cela entraîna malaise et opposition chez de nombreux prêtres qui l'accusèrent de dilapider le patrimoine de l'archidiocèse dont il n'était pas le propriétaire mais le gérant. Il répondit que l'archidiocèse appartenait plus aux pauvres qu'aux prêtres. « C'est pourquoi, pour quelque chose qui signifie "obéir à l'Évangile", je n'ai pas jugé nécessaire de procéder à un vote. Mais je promets que, désormais, je ne prendrai plus aucune décision sans consulter tous les prêtres et les agents de la pastorale. »

C'est comme cela et, peut-être, justement pour cela, qu'il affronta l'opposition de nombreux militaires et de beaucoup de gens de l'élite de la ville. Dès 1966, il savait que, à Rome, l'ambassadeur du Brésil auprès du Vatican insistait auprès du pape pour qu'il mute l'archevêque de Recife. Plusieurs fois, des hommes masqués mitraillèrent la porte de sa maison et, une fois, l'église des Frontières. Le général de la 4e armée déclarait qu'il ne pouvait garantir la sécurité de l'archevêque... Il valait mieux qu'il parte pour une ville plus sûre. Le pire était de savoir que les militaires l'accusaient d'être responsable des bombes qui explosaient dans la ville, comme celle qui, dans l'aéroport de Recife (1966) blessa plusieurs personnes et tua deux hommes. Malgré tout, le Dom restait calme et serein. Plusieurs fois, il vit le mur de sa maison barbouillé de paroles obscènes et l'accusant de faire entrer, la nuit, sous prétexte de les aider, des prostituées pour dormir avec lui. D'autres adversaires l'accusaient d'être au service du communisme international. Le Dom ne se laissait pas intimider pour autant.

Sa première attitude était de se comporter comme une personne pauvre et ordinaire. Presque toujours, à la fin de notre rencontre de huit heures, je l'accompagnais de chez lui au foyer des prêtres, qui se trouvait à trois pâtés de maison et où il allait visiter quelqu'un ou célébrer. Le palais des Manguinhos, ancienne résidence épiscopale transformée en siège des services sociaux de l'archidiocèse, était plus loin. Normalement, tous les matins et quelquefois les après-midi, il y recevait ou participait à des réunions pastorales. Je ne sais pas s'il y allait à pied parce que c'est loin, mais je me rappelle que, une fois ou l'autre, il me dit qu'il irait à pied et je l'accompagnai sur une bonne partie du trajet. La plus grande difficulté était d'aller avec lui sans être interrompu à chaque instant par quelqu'un qui traversait la rue pour venir lui demander sa bénédiction, lui raconter quelque chose ou lui demander conseil. Il s'arrêtait toujours et écoutait la personne comme s'il s'agissait d'un grand ami. Les gens qui passaient en voiture aussi, et même les chauffeurs de taxi s'arrêtaient pour lui offrir de le prendre en stop. Beaucoup s'étonnaient qu'un homme comme Dom Helder n'ait pas une voiture à lui – il n'en a jamais eu – et marche dans les rues comme n'importe qui.

J'avais beau chercher à comprendre, il y avait, dans la manière d'être du Dom, un certain nombre de choses qui m'étonnaient. Un aspect dont j'ai presque honte de parler ici, c'est le repas. En principe, j'ai toujours su que, en matière de nourriture, celui de nous deux qui est le plus bizarre et différent du commun, c'est moi. Quand j'étais enfant, ma mère se plaignait de ce que je faisais « la fine bouche ». Je n'ai jamais beaucoup apprécié la nourriture ordinaire, la nourriture banale du quotidien qui est la base dans chaque maison. Peut-être parce que j'étais d'une famille pauvre du Nordeste, dans mon enfance, cette base était la monotonie même. Sans doute est-ce la raison pour laquelle je n'ai jamais mangé beaucoup, et notamment le riz et le *feijão**  routinier. Quel ne fut pas mon étonnement de découvrir que Dom Helder déjeunait tous les jours, ou au moins du lundi au vendredi, pendant des années et des années, de ce qu'on appelle « le plat du jour » dans un bistrot à l'angle du palais des Manguinhos. Je ne pouvais comprendre que le Dom, après des heures et des heures de travail, entre deux réunions, sorte dans la rue et entre au bistrot du coin pour manger le plat du jour.

---

* Le haricot, base, avec le riz, de l'alimentation populaire.

Je comprends que, quand on passe son temps en réunions, en rencontres, et qu'on a une vie sur-occupée, le repas qui, pour des gens ordinaires, est un moment de convivialité, peut devenir l'unique moment de solitude et de rencontre avec soi-même. Mais pourquoi au bar du coin et devant le plat du jour ? Est-ce sa manière de s'identifier avec quelques employés de commerce et des personnes pauvres qui, à cause des prix bas, venaient tous les jours déjeuner ici ? Une fois, je lui demandai et il se mit à rire :

« Souvent, l'argent que j'ai ne me permet que cela. Et d'un autre côté, j'ai si peu de temps à cette heure-là... La seule chose dont j'aie besoin est que la nourriture soit fraîche. João (le patron de la gargote) le sait bien. Parfois, quand j'arrive, il m'appelle à part et chuchote, pour que les autres clients n'entendent pas :

— Dom Helder, aujourd'hui, c'est sandwich.

C'est le signal convenu pour me dire que, ce jour-là, le riz ou le *feijão* viennent du réfrigérateur – que ce sont des restes de la veille. Je ne sais pas pourquoi, mon estomac ne l'accepte pas. Mais à part ça, l'endroit est propre et si amical que je le préfère à un quelconque restaurant... »

Comment expliquer tout cela ? Il aurait répondu que tout cela ne s'explique que par le fait d'être le disciple de quelqu'un qui disait n'avoir pas où reposer sa tête. Il vivait en fonction du projet qu'il a toujours cru être celui de Dieu pour le monde. Un samedi soir, je l'accompagnai à une rencontre avec une communauté très pauvre dans un des quartiers, à l'époque, les plus pauvres d'Olinda : la Barreira do Rosário. J'en sortis décidé à demander à l'abbé l'autorisation d'y vivre avec un groupe de jeunes ou même de moines. Le lendemain, j'en parlai avec Dom Basílio. Il ne refusa pas directement, mais me le déconseilla. Et me fit comprendre qu'aucun des moines n'accepterait ce défi. Quant aux jeunes étudiants de la classe moyenne, ils n'y étaient pas préparés.

La semaine suivante, je racontai à Dom Helder mon désappointement et ma déception. Il m'encouragea à ne pas renoncer, mais aussi à ne rien précipiter. Me reconduisant à la porte (ce jour-là, il devait recevoir un journaliste français qui attendait mon départ), il me dit : « L'important, c'est que, même actuellement et vivant là où tu vis, tu approfondisses ta solidarité avec les plus pauvres, préférés de Dieu, comme chemin de spiritualité. L'idée va progresser au monastère comme un message très important. Ne te décourage pas. Ne laisse pas tomber la prophétie ! »

◆

Toute comparaison entre des personnes est impropre et malheureuse. Pourtant, du point de vue du message et du témoignage, nous pouvons dire que pour nous, Brésiliens, jusqu'à un certain point, Dom Helder représente ce que le mahatma Gandhi signifiait pour le peuple indien : un maître spirituel qui, à partir de sa foi et de sa mystique, va au-delà du religieux et, à travers une proposition d'action non violente, consacre sa vie à la libération de son peuple. Dans ce chapitre, j'ai voulu montrer les racines de cette action dans la personne de Dom Helder et dans le chemin humain qu'il a parcouru intérieurement.

Ainsi comme Gandhi, lui aussi a vécu le changement qu'il proposait pour le monde en se transformant intérieurement et en cherchant à vivre ce qu'il proposait aux autres.

---

1. Dom Helder Camara, *Um olhar sobre a cidade*, Rio de Janeiro, Civilisação Brasileira, 1976, p. 18.
2. Ce texte figure en ouverture de l'édition brésilienne des *Lettres conciliaires*.
3. *Id.*, *Mil razões para viver*, p. 15.
4. *Id.*, *Un olhar sobre a cidade*, p. 32.
5. *Id.*, *Mille raisons pour vivre*, Éditions du Seuil, 1980, p. 71.
6. *Id.*, *L'Évangile avec Dom Helder*, Éditions du Seuil, 1985, p. 135.
7. *Id.*, *Le désert est fertile*, Éditions Desclée de Brouwer, 1971, p. 19.
8. *Id.*, *Mille raisons pour vivre*, p. 69.
9. *Id.*, *Le désert est fertile*, p. 78.
10. *Ibid.*, p. 40.
11. Marcos de Castro, *Dom Helder, o bispo da esperança*, Rio de Janeiro, Graal, 1978, pp. 76-77.

12. *Ibid.*, p. 155.
13. Dom Helder Camara, *L'Évangile avec Dom Helder*, p. 13.
14. *Ibid.*, p. 11.
15. Dom Helder Camara, *Mil razões para viver*, p. 101.
16. *Id., Un olhar sobre a cidade*, p. 34.
17. *Id., Lettres conciliaires (1962-1965)*, Éditions du Cerf, 2007, p. 122.
18. Nelson Pilctti, Walter Praxedes, *Dom Helder Camara, entre o poder e a profecia*, p. 233.
19. Cf. Benedicto Tapia de Renedo, in Dom Helder Camara, *Chi sono io ?*, p. 11.
20. *Ibid.*, p. 11.
21. Nelson Piletti, Walter Praxedes, *Dom Helder Camara, entre o poder e a profecia*, p. 290.

## Tu es cerné par toi de tous les côtés

*Pour te libérer de toi-même*
*lance un pont*
*au-dessus de l'abîme de solitude*
*que ton égoïsme a créé.*
*Essaie de voir, au-delà de toi-même.*
*Cherche à écouter quelqu'un*
*et, surtout,*
*tente l'effort d'aimer*
*au lieu de simplement t'aimer…*

(Recife, 8 juillet 1969[1].)

## Dépasse-toi toi-même

*Chaque jour,*
*à chaque instant…*

*Non par vanité*
*mais pour répondre*
*à l'obligation sacrée*
*de contribuer*
*toujours plus*
*et toujours mieux*
*à la construction du monde[2]…*

---

1. Dom Helder Camara, *Le désert est fertile*, p. 40.
2. *Id.*, *Mil razões para viver*, p. 62.

V

# « Que toute parole
# naisse de l'action et de la méditation »

Aborder l'importance de la parole prophétique chez Dom Helder, c'est courir le grand risque de se répéter, parce que c'est le grand sujet de son héritage. Pourtant, je ne peux pas parler de Dom Helder sans consacrer un chapitre à ce thème et, comme on peut aborder ce thème de diverses manières, je veux commencer en témoignant de sa façon de vivre une forte intimité avec la Parole de Dieu qu'il voulait servir.

Aujourd'hui, ce sujet paraît ordinaire. À l'époque à laquelle j'ai connu Dom Helder, il n'était pas habituel de lier le ministère d'évêque à cette fonction prophétique de témoin de la Parole. Quand il étudia la théologie, la Bible n'était pas abordée directement et il n'était pas d'usage que les catholiques s'adonnent à la lecture biblique. Pourtant, il semble que Dom Helder ait toujours été quelqu'un de différent et de subversif. Déjà dans les années 1930, alors qu'on étudiait une théologie purement spéculative et basée sur des traités, le Dom lisait la Bible et la citait constamment. Sa première Bible, une traduction portugaise de Matos Soares, cadeau de ses parents, était tout annotée. Dom Helder la citait en permanence. Il aimait la lire pour prier et pour apprendre. Il se considérait comme le serviteur de cette parole, il vivait en fonction d'elle. Il organisait sa vie de façon à la prononcer oralement, mais aussi par ses bras, ses mains et tout son corps...

Il avait conscience que cette Parole ne lui appartenait pas. Elle venait de l'Esprit et tout ce qui lui revenait, c'était d'être fidèle. Dès que je l'ai connu, j'ai découvert que, pour lui, le plus important n'était pas sa capacité à parler mais à écouter. C'était quelqu'un qui, d'abord, écoutait afin de pouvoir proclamer ce qu'il avait entendu.

## À l'écoute de la Parole

Dans la Bible, le prophète est *nabi*, c'est-à-dire celui qui écoute l'appel et reçoit une parole divine pour la communiquer. Dom Helder fut porteur de cette parole prophétique parce que, justement, il écouta avec amour et obéit de tout son cœur à cette Parole. Plusieurs fois, je l'ai entendu citer une parole de la Bible, spécialement de l'Évangile, d'une voix étranglée par l'émotion. Parfois, à lire le texte biblique, les larmes lui venaient aux yeux. C'était cette foi, cet amour qui transparaissaient immédiatement dans ses prédications, beaucoup plus encore que la force de ses idées.

Il ne me dit jamais pourquoi il pleurait, ou ce qui l'inquiétait dans l'écoute de la Parole. Si je cherche à relier ce que j'ai entendu de lui çà et là, je suis convaincu qu'il souffrait de constater l'énorme distance entre l'appel de la Parole de Dieu et la vie concrète de l'Église. Je pense qu'il souffrait de sentir sa fragilité et de penser que, entre la proclamation de la Parole et sa cohérence personnelle, il y avait toujours un hiatus, une distance... Il se sentait fragile et pécheur... Jamais il ne cessa de le dire et de le mettre en avant...

Il en est qui imaginent les prophètes comme des personnes saintes, marquées par une vie véritablement consacrée, un comportement toujours très cohérent avec ce qu'ils annoncent. Ce type de prophète existe certainement. Je n'en ai jamais rencontré. J'ai eu la grâce de vivre avec des martyrs comme le père Josimo Tavares qui a participé avec moi à la pastorale de la Terre et à des cours sur la Bible. Depuis près de trente ans, j'ai la grâce d'être ami d'évêques comme Tomás Balduino et Pedro Casaldáliga. Aucun d'eux ne pourrait tenir dans cette camisole de force moraliste du prophète héroïque. Ils sont prophètes comme témoins de la Parole, au milieu des luttes de la vie et de leur propre conversion. Tel fut notre cher Dom Helder. Il était de chair et d'os, il avait des défauts et des limites, mais ces faiblesses ne l'empêchaient pas d'être un grand prophète de Dieu. Ses difficultés ne rendaient pas sa parole et son action moins prophétiques. La cohérence que l'on peut attendre d'un prophète n'est pas la perfection morale ou humaine qui permettrait de dire la parole, mais le fait de sentir que, en lui ou en elle, la parole se fait chair... Et même avec ses faiblesses, il s'engage à vivre ce qu'il prêche, avant même de demander aux autres de le vivre.

Dom Helder écrivit : « Que toute parole naisse de l'action et de la méditation. Sans action ou tendance à l'action, elle sera seulement théorie qui s'ajoutera à l'excès de théorie qui conduit les jeunes au désespoir. Si elle est seulement action sans méditation, elle tombera dans l'activisme sans fondement, sans contenu, sans force... Rends les honneurs au Verbe éternel, te servant de la parole de manière à recréer le monde[1]. »

## *Une Parole pour le monde*

Pendant des années et des années, Dom Helder a parcouru le monde entier. Il réussissait à être accueilli et estimé tant par les habitants des favelas de Rio de Janeiro et de Recife, que par le roi de Belgique ou par les chefs d'entreprise chrétiens de Hollande.

Quand on parle de « parole prophétique », on peut courir le risque d'imaginer une parole à moitié déconnectée, planant au-dessus de la réalité. Dom Helder m'a appris que cela n'existe pas et que, si cela existait, cela n'aurait rien à voir avec la Parole de Dieu qui Se fait chair, c'est-à-dire qui assume la réalité sociale et politique du monde. Il a été fidèle à cette Parole, justement parce qu'il a su s'insérer dans ce monde et se préoccuper des grands problèmes mondiaux. Dom Helder suivait ce qui se passait aux plans politique et économique, et il avait l'humilité et l'ouverture d'esprit de demander conseil et aide à des personnes compétentes chaque fois qu'il s'agissait de sujets qu'il ne dominait pas. Depuis l'époque de Rio de Janeiro, il s'entourait de conseillers sociologues et éducateurs. Depuis la fin des années 1950 pratiquement jusqu'à sa mort, il fut l'ami de Celso Furtado à qui, souvent, il a demandé aide et conseil aux plans de l'économie et de la compréhension de la réalité brésilienne.

Cette insertion dans la réalité a permis à Dom Helder de rester fidèle à ses intuitions fondamentales. Il insistait sur un dialogue entre le monde appelé sous-développé (des pays pauvres), majoritairement non chrétien, et le monde dit développé, majoritairement de culture chrétienne. Il affirmait que si on ne réussissait pas à mener une action internationale pour la justice, le monde n'aurait jamais la paix. Cette action internationale toucherait des organismes comme l'ONU et la FAO, exigerait de nouvelles relations plus égalitaires entre les gouvernements du Sud et du Nord, rendrait le premier monde responsable des souffrances que le colonialisme et l'esclavage avaient laissé en héritage aux pays du Sud. Il insistait pour que toute action de changement se fasse à travers un engagement pour la paix et la non-violence active. Il défendait le dialogue comme expression d'une démarche commune à des personnes différentes qui voulaient être au service de cette transformation du monde...

Dès l'enfance, il se révéla comme une personne extrêmement communicative et d'une intelligence créative qui s'exprimait dans l'écriture de poèmes et d'articles. Dès l'époque du séminaire, cela lui amena des problèmes avec ses éducateurs. Dès qu'il fut ordonné, son évêque (de Fortaleza) se rendit compte qu'il ne pourrait pas l'amarrer à une paroisse. Il l'envoya à Rio de Janeiro avec la mission de collaborer au travail national de catéchèse et d'éducation. Ce fut l'époque où il s'engagea dans l'intégralisme et prit des positions de droite.

Par la suite, il découvrit la solidarité avec les pauvres et changea de position. Au début, il essaya d'organiser la solidarité en impliquant les puissants. Il devint ami de gouverneurs et de présidents. Il avait un libre accès à tous les cercles du pouvoir. Au début des années 1960, il pouvait être considéré comme l'un des hommes les plus importants du Brésil. Sa lucidité et son sens politique lui permettaient de ne pas se laisser abuser. Son intelligence lui montrait que, en prenant des positions claires, il perdrait ce prestige et aurait à supporter les conséquences d'une prophétie qui dérangeait. Il assuma cela avec courage et abnégation. C'est exactement au moment de ce changement profond de sa vie et de sa situation, alors qu'il était déjà archevêque de Recife, que j'ai commencé à le fréquenter.

Aux plans national et international, Dom Helder a promu et fondé plusieurs mouvements prophétiques qui ont eu des répercussions dans le monde. Au début des années 1950, il fut à l'origine de la création d'un mouvement organisé de charité international. Il s'inspirait d'une initiative allemande de l'après-guerre. Peu de gens savent que Dom Helder est l'un des inspirateurs de Caritas Internationalis, de la Commission Justice et Paix et d'autres. Dans les années 1960, il lança la pression morale libératrice. Puis l'opération Espérance. Plus tard, il créa le Mouvement d'articulation des minorités abrahamiques. Et à la fin, alors qu'il était âgé et fatigué, partout où il allait, il proposait une année 2000 sans misère…

Quand on parcourt ses discours et les textes qu'il a écrits depuis les années 1950 jusqu'à sa mort (1999), on est frappé de voir comment les idées fondamentales se répètent de façon exhaustive. Quand il était convaincu de quelque chose, partout où il arrivait, il en parlait… C'était sa vie, sa conviction. Sa parole prophétique. Quelqu'un, une fois, l'a appelé « l'homme d'une parole unique ».

## Une Parole pour les Églises

À partir des années 1950, Dom Helder comprit que l'engagement social et le souci des pauvres ne pouvaient être seulement un secteur extérieur à l'action ecclésiale, comme ça l'était jusqu'alors. Il comprit qu'il ne suffisait pas que l'Église réalise des œuvres sociales de façon à suppléer les déficiences de l'action gouvernementale. L'engagement social de l'Église avec les petits était beaucoup plus profond et intérieur. Nous développerons davantage par la suite l'héritage de Dom Helder pour les Églises mais, dès maintenant, montrons en quoi sa prophétie invite les Églises à ne pas vivre seulement en fonction d'elles-mêmes et de leur propre institution, mais aussi comme témoignage et service du royaume de Dieu.

Dom Helder attirait l'attention de tout le monde par la force de sa parole. Depuis les années 1950, il rassembla les évêques en tant que pasteurs responsables de la pastorale, il fonda les conférences épiscopales, réussit à préparer le concile Vatican II et l'organisa de telle sorte que tous les historiens du concile le considèrent comme le grand organisateur de Vatican II.

Ce fut lui qui, à Rome, réunit un groupe d'évêques plus ouverts qui discuta le thème de la pauvreté dans l'Église et se mit d'accord sur un document conjoint dans lequel tous ceux qui le signaient s'engageaient à suivre une ligne de simplicité et de pauvreté*. Voici les termes de l'engagement des évêques pauvres du concile Vatican II :

« Nous, évêques, réunis au concile Vatican II, éclairés sur les manques de notre vie de pauvreté selon l'Évangile, stimulés les uns par les autres, dans une initiative où chacun de nous voudrait éviter la singularité et la présomption, surtout avec la grâce et la force de notre Seigneur Jésus-Christ, avec la prière des fidèles et des prêtres de nos diocèses, dans l'humilité et dans la conscience de notre faiblesse, mais aussi avec toute la détermination et toute la force dont Dieu nous fait la grâce, nous nous engageons à ce qui suit.

1. Chercher à vivre selon la manière ordinaire de notre peuple en ce qui concerne le logement, la nourriture, les moyens de transport et tout ce qui s'ensuit.

2. Nous renonçons pour toujours à l'apparence et à la réalité de la richesse, spécialement dans l'habillement (tissus riches, couleurs criardes), dans les insignes de métal précieux, ni or ni argent.

---

* Pour plus de précisions sur le rôle de Dom Helder au concile Vatican II, voir *Les nuits d'un prophète, Dom Helder Camara à Vatican II*, de José de Broucker, Éditions du Cerf, 2007, et *Lettres conciliaires (1962-1965)*, de Dom Helder Camara, Éditions du Cerf, 2007.

3. Nous ne posséderons ni immeubles, ni meubles, ni comptes en banque en notre nom propre, et s'il est nécessaire d'en posséder, nous mettrons tout au nom du diocèse ou des œuvres sociales et caritatives.

4. Confier l'administration aux laïcs de manière que nous soyons plus des pasteurs que des administrateurs.

5. Nous refusons d'être appelés, par écrit ou oralement, de noms et de titres qui expriment grandeur et pouvoir.

6. Nous éviterons que, dans nos relations sociales et nos comportements, puissent apparaître des privilèges et une préférence pour les riches et les puissants.

8. (…) Nous donnerons la priorité à l'évangélisation et au travail avec les plus pauvres.

11. (…) Considérant la collégialité des évêques, sa réalisation plus évangélique dans la prise en charge commune des masses humaines en état de misère physique, culturelle et morale des deux tiers de l'humanité, nous nous engageons à prendre part, en fonction de nos moyens, aux investissements urgents des épiscopats des pays pauvres.

Nous nous engageons à rechercher, en lien avec le projet des organismes internationaux, comme l'a fait Paul VI à l'ONU, l'adoption de structures économiques et culturelles qui ne fabriquent pas plus de pays prolétaires dans un monde toujours plus riche, mais qui permettent à la foule des pauvres de sortir de leur misère.

12. Nous nous engageons, dans la charité pastorale, à partager notre vie avec nos frères en Christ, prêtres, religieux et laïcs, pour que notre ministère constitue un véritable service. Ainsi, nous nous efforcerons de faire "révision de notre vie" avec eux, nous susciterons des collaborateurs qui seront plus des animateurs selon l'Esprit que des chefs selon le monde.

Nous nous efforcerons d'être plus humainement présents et accueillants…, et de nous montrer ouverts à tous, quelle que soit leur religion.

—

13. À notre retour dans nos diocèses, nous informerons nos diocésains de notre résolution et leur demanderons de nous aider par leur compréhension, leur collaboration et leurs prières. Que Dieu nous aide à être fidèles[2]. »

◆

Dom Helder avait, vis-à-vis de la Parole de Dieu, une attitude d'écoute et d'abandon. Il faisait confiance à cette parole et en dépendait.

Toute sa vie est traversée par cette fidélité à la Parole. Pas une fidélité moralisatrice de qui se sent pleinement cohérent avec la Parole, mais la fidélité de celui qui, même avec ses défauts, parie sur cette Parole.

Pour lui, cette Parole de Dieu se traduit en parole de paix et d'unité.

Comme le rappelait un de ses vers des années 1970 : « Un de mes souhaits d'arriver à l'Infini est l'espérance que, au moins là, les parallèles se rencontreront[3] !... »

1. Dom Helder Camara, *O deserto é fertil*, p. 101.
2. In *Concilium*, n° 124, pp. 118-120, 1977/4.
3. Dom Helder Camara, *Mil razões para viver*, p. 34.

## Leçons qui ne peuvent nous échapper

*Devant le collier*
*– beau comme un rêve –*
*j'ai surtout admiré*
*le fil qui unissait les pierres*
*et qui s'immolait anonyme*
*pour que toutes soient un[1]...*

## Vibre en harmonie avec les anges

*Quand le travail*
*trempe les vêtements des humbles*
*regarde alentour et tu verras*
*comme les anges recueillent*
*les gouttes de sueur,*
*comme s'ils recueillaient des diamants...*

(Rio de Janeiro, 12 janvier 1955.)

---

1. Dom Helder Camara, *Le désert est fertile*, Éditions Desclée de Brouwer, p. 106.

# VI

## « La force de mon action vient de l'Esprit »

« Spiritualité » : le mot paraît dangereux parce qu'il s'apparente à quelque chose de moins réel et de moins matériel... Je connais des gens qui, quand ils veulent faire l'éloge de quelqu'un, disent : « C'est une personne très spirituelle. » L'image que j'ai alors est celle de quelqu'un d'un peu aérien, qui n'a pas les pieds sur terre... Si la spiritualité était cela, on pourrait difficilement attribuer cette qualité à Dom Helder qui était quelqu'un de très concret, avec un immense sens de l'organisation et une grande activité sociale et politique. Pourtant, il est vrai que ceux qui étaient impressionnés par Dom Helder étaient frappés par sa capacité d'organisation sociale, mais se laissaient encore fasciner par autre chose. Ils se sentaient frappés par l'esprit d'amour qui émanait de lui... Ce qu'ils appelaient spiritualité, c'était sa foi qui le faisait se laisser conduire en profondeur par l'Esprit de Dieu. Et l'Esprit qui inspirait et conduisait Dom Helder en faisait toujours un homme profondément critique et libérateur.

Le Dom avait profondément conscience que sa parole et sa proposition prophétique venaient de Dieu :

— La force de mon action vient de l'Esprit...

Déjà dans les années 1950, le Dom comprit que la pauvreté du monde n'est pas quelque chose de naturel et d'inévitable. C'est le fruit d'une histoire de domination qui continue aujourd'hui à travers une politique internationale qui divise le monde entre le Nord riche et le Sud exploité. Dans cette vision du monde, les pays dits chrétiens avaient une immense responsabilité. Dès sa jeunesse, Dom Helder comprit qu'il ne servait à rien de prêcher l'évangile si cette parole de Dieu ne changeait pas effectivement les structures du monde... L'Évangile doit être appliqué de manière à transformer le monde.

## Se battre pour la liberté, au nom du Christ

La vie n'est pas quelque chose d'abstrait, mais de très réel et concret. Non seulement on vit, mais on sent que la vie nous touche profondément. Aujourd'hui, le monde nous fait vivre tant de choses que, parfois, nous avons l'impression de « traverser la vie » sans nous arrêter profondément, sans apprécier ce que nous vivons...

Souvent, les jeunes attirent l'attention par la force avec laquelle ils vivent. Celui qui pratique des sports donne l'impression de jouer avec la force de la vie. Normalement, nous considérons comme poète celui qui est capable non seulement de vivre, mais aussi de sentir et de percevoir les mouvements les plus subtils de la vie. Très tôt, Dom Helder nous a enseigné cela. Il faisait de la poésie avec chaque détail de la vie et se battait pour que la vie fût pleinement vécue dans tous ses aspects... Il contemplait et assumait la vie, aux plans public et privé, dans son aspect physique aussi bien que psychologique, il aimait la vie et la défendait... Il savait vivre et témoigner de son goût pour la vie. C'était sa spiritualité : découvrir et servir l'Esprit qui anime le plus profond de la vie.

Dom Helder a grandi dans une culture dans laquelle tout semblait divisé. Plus on se rattacherait à l'Esprit, moins on devrait valoriser la vie. Effectivement, à l'époque, on racontait la vie des saints en mettant en valeur la tristesse, la douleur, le sacrifice... Comme si la sainteté était de ne pas aimer la vie. Très vite, Dom Helder a prêché que Jésus était venu au monde pour que tous vivent mieux et plus heureux : « Je suis venu pour que tous aient la vie, et la vie en abondance. »

—

C'est à cause de cette valorisation de la vie qu'il a toujours pris autant au sérieux les personnes les plus pauvres et qu'il a toujours défendu leur droit à la justice et à la vie. Très tôt, Dom Helder a appris à lire l'Évangile et à découvrir la mystique du royaume de Dieu, c'est-à-dire le projet de Dieu pour nous et pour le monde.

En valorisant le royaume de Dieu, le Dom a découvert qu'il pourrait rester la personne libre et originale qu'il aimait être, et en même temps, sa foi l'a fait travailler pour la vie des personnes.

Très vite, Dom Helder devint un profond observateur de la vie et un défenseur de la liberté de tous.

En Amérique latine, il travailla pour que l'Église prenne en charge la défense du peuple noir et des peuples indigènes. C'est de son intuition que sort le fameux texte de la conférence de Medellín*, dans le document 5, où il est dit : « Que se présente en Amérique latine le visage d'une Église servante et pauvre, missionnaire et pascale, dépouillée des moyens de pouvoir, et qu'elle se constitue comme lieu de communion pour toute l'humanité. Une Église qui s'engage pour la libération de toute l'humanité et de l'être humain en entier. »

## Se libérer de..., afin de se libérer pour...

La théologie de la libération a ses théologiens et ses prophètes. Dom Helder fut son parrain-prophète. Une figure symbole, comme Mgr Romero**, prophète dans l'intransigeante défense de son peuple. Quand on l'entendait parler de libération, beaucoup avaient l'impression qu'il se plongeait dans la politique, alors que, en fait, il ne pouvait pas séparer les choses. Il célébrait la messe et s'angoissait de voir que les plus pauvres

---

* Les assemblées du Conseil épiscopal latino-américain (CELAM) qui réunissent les épiscopats de toute l'Amérique latine sont une tradition propre à ce continent. La première de ces conférences a eu lieu à Medellín (en Colombie) en 1968 : c'est là que les évêques affirmèrent l'option préférentielle de l'Église pour les pauvres.
** Mgr Oscar Romero, archevêque de San Salvador, au Salvador, fut assassiné en 1980, alors qu'il célébrait la messe.

ne réussissaient pas à franchir la porte de l'église. Dès ses premières années à Recife, il partagea avec ses amis cette angoisse spirituelle.

Très tôt, on lui avait raconté l'histoire du dominicain Bartolomeo de Las Casas, père de l'Église latino-américaine, encore peu connu au Brésil. Ce fut un des premiers missionnaires à venir d'Espagne en Amérique centrale et au Mexique. Dans un contexte dans lequel les missionnaires accompagnaient les conquistadors et se rendaient complices de l'asservissement des indigènes pour les sauver du paganisme, frère Bartolomeo comprit qu'il était injuste d'obliger quelqu'un à adhérer à la foi. Pourtant il était *encomendero*, c'est-à-dire maître d'esclaves. Un jour, en 1530, c'était un samedi après-midi et il était au couvent dominicain pour préparer un sermon pour le dimanche suivant, le texte de l'Ecclésiastique (Siracide) 34, versets 18 et suivants, lui tomba sous les yeux : « Dieu n'accepte pas le sacrifice basé sur l'injustice. Celui qui pense plaire au père en maltraitant le fils est comme celui qui immole un fils devant son père... Dieu n'accepte pas d'être acheté... » Bartolomeo se rendit compte que le premier étage où il préparait son sermon était situé directement au-dessus du niveau où les esclaves étaient enchaînés. Il ne pouvait pas prêcher sur ce texte sans travailler pour changer cette réalité. Ce n'est qu'à travers une rupture avec la structure esclavagiste, qu'avec un engagement pour la justice et le respect du droit des peuples indigènes, que le christianisme pourrait être annoncé. Il se proclama « procureur et défenseur des Indiens ». Il affronta la colère des conquistadors. Il fut nommé évêque du Chiapas, une terre éloignée au sud du Mexique, de manière à être « banni » des tribunaux et des chaires des plus grandes villes. Cependant, comme évêque des Indiens, il lutta encore plus pour la défense des petits. Il finit par être rappelé en Espagne où il mourut en juillet 1566.

Dom Helder a toujours assumé cette spiritualité « lascasienne ». Partout où il allait, il prêchait toujours : « Notre Père a donné à l'homme le pouvoir et la responsabilité non pas de se résigner à la souffrance et au malheur innocents, mais de les combattre. C'est notre tâche[1]. »

En Amérique latine, Dom Helder connaissait bien les structures de péché qui maintiennent les peuples dans une situation d'esclavage. Dès les années 1950, il défendait l'urgence d'une réforme agraire pour arrêter le gonflement des villes et l'accroissement démesuré des favelas dans les métropoles. Ensuite, il critiquait les programmes interventionnistes et proposait la libération des idéologies. Il savait que le monde se partageait entre monde riche et monde pauvre, et pas entre monde démocratique et monde communiste, comme beaucoup le pensaient à son époque.

## Responsables les uns des autres

Aujourd'hui, la responsabilité dans la relation à soi-même, aux autres, à la nature et à la divinité elle-même est au centre de la recherche philosophique, politique, sociale et théologique. Pourquoi ? Peut-être parce que l'être humain contemporain cherche à sortir de l'angoisse dans laquelle il se trouve. Un des thèmes qui a le plus caractérisé la recherche philosophique contemporaine est celui de l'attention. Le penseur contemporain qui a su le mieux saisir et approfondir l'importance fondamentale du « se rendre responsable de... » fut Martin Heidegger (1889-1976). Dans son œuvre principale *Être et Temps*, il définit l'attention comme la racine primaire de tout être humain. « En tant que totalité structurelle unitaire, par son apriorité existentielle, l'attention se situe avant n'importe quel comportement et n'importe quelle situation de l'être... » Pour Heidegger, l'attention est une manière d'être essentielle, fait partie de la nature et de la constitution de l'être humain.

Heidegger parle de l'attention comme racine de l'existence par référence à une fable ancienne que, plus tard, Leonardo Boff reprendra dans son livre *Saber cuidar* : la fable-mythe de l'attention essentielle, connue comme fable de Hygin*, un écrivain latin du premier siècle après Jésus-Christ.

---

* Caius Julius Hyginus, écrivain latin contemporain d'Auguste, est l'auteur de fables considérées, aux XVIe et XVIIe siècles, comme une des sources les plus précieuses pour la connaissance de la « science mythologique » des Anciens.

Un jour, l'Attention traversait une rivière et, avec de la boue, commença à façonner un être. Elle demanda à Jupiter de lui insuffler un esprit. Jupiter accepta, mais quand l'Attention voulut lui imposer son nom, Jupiter le lui interdit et voulut, lui aussi, lui donner le sien. La Terre intervint et, comme elle avait elle aussi contribué à former le corps, elle se sentait aussi le droit de lui donner son nom. Les débatteurs choisirent Saturne comme juge. Celui-ci leur communiqua la décision suivante : « Toi, Jupiter, tu lui as donné l'esprit et au moment de la mort, tu recevras son esprit. Toi, Terre, tu lui as donné le corps, tu recevras le corps. Mais comme ce fut l'Attention qui, la première, a donné forme à cet être, pour qu'il vive, que l'Attention le possède. Quant au nom, qu'il s'appelle humain parce qu'il est fait d'humus[2]. »

Cette fable nous enseigne que, en nous, la synthèse de l'humus et du divin se conjugue dans l'histoire, dans le temps. C'est la signification du dieu Saturne, le dieu de l'histoire, le dieu de l'utopie, de la société heureuse. L'utopie est l'âme de l'histoire. C'est elle qui lui donne la force intérieure pour inventer toujours de nouvelles routes pour construire une meilleure convivialité.

Emmanuel Levinas fut le philosophe juif (franco-lituanien) qui exprima le mieux ce qu'est l'attention en disant : « Au commencement est l'autre ». Le visage de l'autre est un constant appel à notre responsabilité vis-à-vis de l'autre...

Je ne sais pas si Dom Helder a étudié la philosophie de Heidegger ni s'il a lu quelque chose de Levinas, mais je suis sûr qu'il a vécu profondément cette intuition. Pour lui, le visage de l'autre était le visage des millions d'opprimés dans lesquels il voyait toujours le visage du Christ.

Dom Helder savait qu'il n'existe qu'une seule histoire et que, dans cette histoire, nous sommes responsables les uns des autres...

### L'enfer vide et l'amour de Dieu

Dom Helder aimait dire qu'il était convaincu que l'enfer, s'il existait, était vide. Son argumentation était simple. Il racontait :

— Vous savez que j'ai déjà confessé des gens de toutes sortes. J'ai entendu des confessions de personnes qui en avaient tué d'autres, qui avaient torturé, qui avaient fait toutes sortes de mal. Mais jamais, dans toute ma vie, je n'ai rencontré une personne qui ait eu une pleine conscience d'avoir commis le mal et qui ait pris librement la décision de faire le mal. Selon la doctrine catholique, pour avoir péché gravement, il faut réunir trois conditions : la première est la matière grave. Très souvent, elle existe. La deuxième condition est la décision libre de le faire et la troisième est la connaissance claire de faire le mal. Ces deux conditions ne sont jamais pleinement remplies. C'est pourquoi je suis convaincu que l'enfer est vide. Aucun être humain n'est capable de faire le mal en pensant qu'il le fait et avec la conscience totale de ce qu'il fait.

Dans le *Journal d'un curé de campagne*, Bernanos dit que « l'enfer est de ne pas aimer… » Dom Helder réagissait, en confessant :

« J'ai été très épargné par Dieu en ce sens que je suis libre de toute haine ou de tout chagrin. Toute ma vie, Dieu m'a délivré de toute goutte de rancœur contre qui que ce soit. Autrement dit : je me suis mis dans la tête que Dieu est amour et qu'Il est l'amour même. Et que la haine est l'anti-Dieu. Et il est évident qu'il en est ainsi puisque la haine est l'anti-amour. Je me suis mis dans la tête aussi ceci : que l'enfer est l'incapacité d'aimer. Alors, si j'avais quelque crainte dans la vie, ce serait la crainte de la haine. Si je voulais me délivrer de quelque chose, ce serait de quelque ombre de haine, de tout ce qui ressemble à de la haine. Mais si j'ai été préservé de tomber dans la haine, c'est par protection divine. Je ne peux pas l'attribuer à ma vertu. Dieu me donne la claire certitude que c'est Lui, c'est Lui seul, et il serait ridicule de chercher y voir quelque trace de ma vertu personnelle. Pendant un certain temps, je ne parlais pas de ces choses, mais par la suite, j'ai constaté qu'il était possible d'en parler. Tant il est évident qu'un quelconque mérite est au-dessus des forces humaines, que tout le mérite vient du Père[3]. »

◆

Un des plus grands penseurs en religion du XXᵉ siècle, le philosophe français Michel de Certeau, a écrit : « Est mystique la personne qui ne peut cesser d'avancer et, avec la certitude qui lui manque, sait de chaque lieu et de chaque objet qu'il ne suffit pas et qu'il ne peut pas se contenter de cela. Le désir crée un excès. La personne se dépasse, veut aller toujours plus loin. Elle n'habite nulle part. Elle est habitée[4]. »

La philosophe et mystique chrétienne Simone Weil le résume bien : « Dieu est mystère et se révèle progressivement. Plus on avance dans la connaissance de Dieu, plus on découvre que le mystère demeure et se densifie, et plus grand sera le désir de le connaître toujours plus. S'il y a véritablement désir, si l'objet du désir est véritablement la lumière, le désir de la lumière produit la lumière[5]. »

Dom Helder a vécu sa foi comme critère de liberté et comme spiritualité libératrice. Avant que n'existe la théologie de la libération, déjà Dom Helder était une référence de personne libre et libératrice.

1. Dom Helder Camara, *Des questions pour vivre*, Éditions du Seuil, 1984, p. 27.
2. Martin Heidegger, *Essere e Tempo*, Milan, Longanesi, 1982, p. 247.
3. Marcos de Castro, *Dom Helder Camara, misticismo e santidade*, Rio de Janeiro, Civilização Brasileira, 2002, pp. 137-138.
4. Michel de Certeau, *apud* Pierre Gire, « Le christianisme en dialogue avec ses mystiques », *Chemins de Dialogue*, Marseille, n° 18, 2001, p. 143.
5. Simone Weil, *Attente de Dieu*, Paris, Seuil, 1977, p. 73.

### Mets une âme en tout

*Quand tu vois*
*un travail bien*
*achevé,*
*une œuvre faite avec amour,*
*avec âme,*
*loue Celui*
*qui fit tout bien*
*et demande au Père*
*que tu ne fasses rien à moitié*
*ou n'importe comment...*
                    (Rio de Janeiro, 31 août 1962.)

### Ne crois pas à l'arrogance

*N'es-tu pas impressionné de savoir*
*que le plus anonyme des atomes*
*a un pouvoir*
*capable d'anéantir des villes ?*
*Cependant tu ne remarques pas*
*comment ils s'effacent et se cachent*
*comme s'ils n'étaient rien,*
*ne valaient rien,*
*ne pouvaient rien...*
                    (Rio de Janeiro, 13 juillet 1956.)

### Illusions de réputation

*La mer a la réputation*
*d'être grande,*
*presque infinie.*
*Les plages, sans ostentation,*
*sont plus grandes que la mer*
*au point de l'entourer*
*et de la protéger.*
(Rio de Janeiro, 16 novembre 1955.)

# VII

## « Jeunes, mes amis...
## vous irez dans les étoiles... »

« Jeunes gens, mes amis ! Grâce à Dieu, partout dans le monde et à toutes les époques, les jeunes ont cru, croient et croiront qu'ils sont différents des autres et que d'eux dépendra la construction du monde. (...) Mais la terre, c'est encore trop peu ! Parler en termes planétaires ne suffit plus. Vous, vous irez dans les étoiles, vous assisterez au naufrage de la course aux armements et à la fin des guerres. Vous humaniserez l'ère de l'électronique et de la cybernétique[1]... »

Le risque que je cours en racontant ces souvenirs, ainsi, dans le menu de la vie et par petits morceaux, c'est que les gens s'arrêtent à un détail et perdent la carte qui indique le chemin. Cependant, il est important que, même à travers la spontanéité du récit, on puisse découvrir l'héritage que Dom Helder a laissé pour les divers secteurs de la société et pour les situations que nous vivons au XXIᵉ siècle.

En parlant d'héritage, il y a, sans aucun doute, un groupe spécial auquel Dom Helder, toute sa vie, a accordé davantage d'attention et auquel il a légué un message particulier, c'est la jeunesse.

## L'éducation de la jeunesse

Quand il était lui-même un jeune prêtre, il s'est consacré à l'éducation de la jeunesse. Pour aider à la catéchèse des jeunes, il est parti à Rio de Janeiro. Pendant des années, il a participé au Conseil national de l'éducation et a organisé des rencontres nationales pour la pastorale universitaire.

Je n'ai pas participé à cette phase, mais j'ai compris que les expériences qu'il a faites dans cette première période de sa vie l'ont marqué pour les étapes postérieures. Par exemple il avait compris que, quel que soit l'engagement pastoral et éducationnel, il est fondamental d'assurer une relation de convivialité et d'amitié. Un autre point important consiste à aborder les jeunes avec les thèmes et les questions qui les intéressent le plus. Dom Helder a commencé son travail en s'occupant de l'éducation et, dès lors, il a séduit beaucoup de jeunes, garçons et filles, par son intérêt et son goût pour l'art, principalement la poésie, la musique, le théâtre et le cinéma.

À Rio de Janeiro, il réunissait tous les mardis un groupe de jeunes, simplement pour écouter de la musique et en parler. À Recife, au début de son ministère, il a essayé des expériences semblables. Il réunissait des jeunes pour des soirées musicales, invitait aussi des spécialistes du théâtre et assistait à des représentations théâtrales pour pouvoir discuter. Pourtant, c'était une autre époque et les militaires poursuivaient toute personne liée au Dom. C'est pourquoi il dut mettre un terme à ces rencontres, dont ses ennemis disaient qu'elles étaient prétextes à des rencontres politiques.

À la fin des années 1960 et au début des années 1970, il était souvent invité par des étudiants de tout le Brésil et de l'étranger pour être parrain de la cérémonie de remise des diplômes. Il acceptait toujours parce que c'était l'occasion de dialoguer avec la jeunesse mais, presque toujours, les militaires et leurs alliés tentaient de l'en empêcher. Je me rappelle la remise de diplômes à une promotion d'avocats à Recife. Il fut contacté par un groupe d'étudiants constituant le comité chargé de parler avec lui. Ils lui avaient dit que la majorité des élèves avait voté pour l'archevêque et qu'ils souhaitaient que ce soit lui, le parrain. Il demanda avec un air innocent :

— Ce choix n'a pas créé de tensions entre vous ? N'y avait-il pas des collègues qui, pour rien au monde, ne voulaient que je sois choisi ?

Ils en convinrent, mais insistèrent :

— C'est un groupe très minoritaire. Il y a quelques fils de militaires…

Dom Helder essaya de les convaincre :

— Je considère que préserver l'unité du groupe et que la fête soit l'occasion de fraternisation joyeuse pour tous est beaucoup plus important pour vous que de me voir venir parler à votre remise de diplômes. Si vous m'avez choisi comme parrain, acceptez ma suggestion : je ferai avec tous ceux qui le souhaiteront, ici, chez moi, une rencontre informelle, mais vous, choisissez un parrain qui plaise à tous. Qui le petit groupe opposé avait-il choisi ?

Un des jeunes qui faisait partie du groupe d'opposition répondit sans sourciller :

— Le groupe avait suggéré Gilberto Freire*.

— Cela me paraît un choix correct et qui peut être bon pour tout le groupe.

Il y avait longtemps, Gilberto Freire publiait chaque semaine, dans les principaux journaux de Recife, des articles dans lesquels il critiquait férocement l'archevêque qui, il le savait, n'avait pas la liberté de répondre. Dom Helder a toujours parlé de lui avec respect et déférence. Le groupe d'étudiants repartit pour discuter et, deux jours plus tard, revint en disant que tout le groupe était d'accord pour inviter le Dom, qui accepta et fit la fête avec les jeunes, en plus de parler à la cérémonie de remise des diplômes.

---

* Gilberto Freire, anthropologue et sociologue, grande autorité intellectuelle du Pernambouc, fut un des opposants les plus farouches à Dom Helder Camara.

## Mon entrée dans la pastorale de la Jeunesse

Le 27 mai 1969, dans un pré, près de la cité universitaire, on trouva le corps du père Antônio Henrique Pereira Neto, 28 ans, coordinateur de la pastorale de la Jeunesse de l'archidiocèse, une des personnes les plus proches de Dom Helder. L'archevêque l'avait ordonné trois ans plus tôt. Lors de la célébration d'ordination, il avait confié aux fidèles de Várzea qu'il se sentait là comme un père qui envoyait son fils sur le chemin. Car c'est ainsi qu'il considérait sa relation avec lui. Et maintenant, il devait reconnaître son corps, en sachant que le « Commando de chasse aux communistes » (CCC), un groupe paramilitaire de Recife, l'avait assassiné parce qu'ils ne pouvaient pas tuer l'archevêque. Jamais je n'ai vu Dom Helder aussi triste et anéanti.

Parce qu'il était médecin et ami des militaires, Dom Basílio Penido, abbé d'Olinda, assista à la reconnaissance du corps. Il me dit, ému, que jamais il n'avait vu un corps humain à ce point torturé et maltraité.

Je connaissais bien Henrique, joyeux et enjoué. Les groupes de jeunes l'adoraient. Quelquefois, nous travaillions ensemble, mais il me donnait l'impression d'être un peu superficiel. Ce n'était pas un héros, il ne donnait pas l'impression d'être particulièrement mystique. Personne ne connaît les détails de sa mort, mais il doit avoir horriblement souffert. La foi me fait penser que, à ce moment du témoignage, Dieu l'a accompagné et lui a donné la force. J'ai au ciel un ami et un martyr, mais cela ne me remonte pas du tout le moral. Au contraire, ça me déprime. Je ne veux pas connaître le ciel. Ce qui m'intéresse, c'est la terre. Et là, elle me déprime.

Je pense que je n'ai pas éprouvé plus de peur, parce que je n'avais pas une conscience suffisante de la réalité pour cela. Je suis allé à l'enterrement au milieu de la foule et j'ai souffert de voir la tristesse de Dom Helder et de l'entendre demander aux jeunes et au peuple de ne pas accepter les provocations des militaires à cheval qui entouraient la procession d'enterrement et ne permettaient ni arrêt ni discours. Durant le parcours, à deux reprises, Dom Helder dut se placer entre les chevaux des soldats et la file des étudiants qui paraissaient prêts à les affronter physiquement. La foule qui avait emprunté les rues de Recife arriva en paix au cimetière de Várzea et rentra chez elle sans incidents.

Il me semble que c'est environ un mois plus tard, un mercredi matin, que Dom Helder me demanda si j'accepterais d'entrer dans l'équipe de pastorale de la Jeunesse étudiante coordonnée par le père Ivan Teófilo, un salésien jeune et charismatique. Je répondis que cela dépendait de l'abbé. J'irais le consulter. Mais moi-même, je me sentais peu préparé pour travailler avec des jeunes. Le Dom me regarda presque avec ironie et me dit en riant à moitié :

— Ne laisse pas tomber la prophétie !

De 1969 à 1974, avec la permission de l'abbé du monastère, je coordonnais une expérience de vie communautaire avec des jeunes étudiants. Nous habitions ensemble dans une maison à côté du monastère et cette « maison de la Fraternité » servait de point de référence pour les autres groupes de jeunes. Dom Helder aimait beaucoup cette expérience et, souvent, il passait en fin d'après-midi ou en soirée pour célébrer et manger avec nous.

## Un samedi soir...

Une des premières scènes dont je me souvienne de mon travail avec la pastorale de la Jeunesse fut une rencontre de fin de semaine avec de nombreux jeunes, garçons et filles, à la salle des sports du collège salésien de Recife.

On avait placé un tabouret au milieu de la piste et quelqu'un se soumettait à l'interrogatoire du jeu de la vérité. Et qui choisirent-ils pour être la première victime ? L'archevêque qui était venu célébrer l'eucharistie en fin d'après-midi.

Dom Helder rit et prend place sur le siège. Il lisse ce qui lui reste de cheveux et attend les questions. Une fille se lève des gradins. Elle doit avoir dans les seize ans, avec encore un air d'enfance. Elle semble vouloir poser une question et ne pas savoir laquelle. À deux reprises, elle commence, et rien ne sort. À la fin, elle demande :

— Pourquoi avez-vous ce nom différent ?

Il rit et répond comme s'il parlait tout seul avec elle :

— Le jour où je suis né, mon père a lu sur un calendrier mural que Helder était le nom d'un petit port de Hollande. Il semble aussi que, dans un dialecte de cette région, Helder signifie « un jour de soleil ». On a pensé que les gens de là-bas disaient : « Aujourd'hui, le jour est Helder », pour dire : « Il y a du soleil. »

Le copain de la fille, à côté, prend le micro et lance un défi :

— Parlez de votre enfance et de votre famille.

— Comme c'est le moment de la confession et qu'une conversation claire fait de bons amis, je vais partager avec vous une prière que j'ai écrite une de ces nuits, mais que je censure par crainte de passer pour chauvin (il tire de son sac un papier). « C'est certain, Seigneur, Ta grâce m'aurait aidé à reconnaître et à aimer n'importe quel recoin de la Terre où Tu m'aurais fait naître... Est-ce une surprise si je Te dis que je Te remercie de m'avoir fait naître au Ceará[2] ! ? »

Les jeunes éclatent de rire et applaudissent. Il plaisante davantage :

— Modestie à part... Mais parlons sérieusement. (Il s'assied et dialogue avec celui qui parlait avec le micro qu'il tient dans la main droite.) Je suis d'une famille pauvre de Fortaleza. Pessoa était le nom de ma mère et Camara celui de mon père. Je suis le onzième de treize enfants – imaginez que cinq moururent tout petits. Mon père était employé aux écritures dans une petite entreprise de commerce local. Ma mère était institutrice. Quand j'étais enfant, à la maison, nous avions le nécessaire ; mais pas plus. Aucun luxe, pas même de confort.

Maintenant, la question vient d'un garçon plus âgé, au premier rang du parterre :

— Étant ainsi de famille pauvre, comment vos parents ont-ils réagi quand vous avez décidé d'être prêtre ?

— À cette époque, on entrait au séminaire encore enfant. J'avais quatorze ans quand j'ai décidé d'entrer au séminaire de Prainha, à Fortaleza. Mon père ne fréquentait pas l'église. Il était franc-maçon. Ma mère était très discrète. Mais mon père, quand je lui ai fait part de ma décision, m'a dit ce qui suit – je me le rappelle comme si c'était aujourd'hui : « Être prêtre et être égoïste, c'est incompatible. Le prêtre doit se dépenser, se laisser dévorer. Si tu es prêt à cela, vas-y. »

## L'importance du témoignage de vie

Cette rencontre m'a révélé ceci. Le plus important n'est pas de discuter d'idées mais de partager la vie. Ce samedi soir, dans cette salle des sports du collège salésien, le public jeune paraissait décidé à percer à jour la vie de l'interviewé : l'archevêque. Il répondit à tout avec beaucoup de simplicité et d'ouverture. Un jeune garçon qui, il me l'a confessé par la suite, se demandait lui-même s'il ne voulait pas être prêtre, lança cette question :

— Comment ont été vos premières années de prêtre ? Est-il vrai que vous étiez de droite et auriez même été favorable à Hitler ?

Le Dom baissa la tête. Il ne rit pas, ne plaisanta pas. Se levant, il répondit comme s'il pensait à haute voix :

— J'ai été ordonné à vingt-deux ans, le 15 août 1931. Dom Manuel, archevêque de Fortaleza, me chargea de m'occuper de l'éducation catholique. J'étais très présent dans les moyens de communication sociale. Seulement pour répandre les enseignements de l'Église. J'avais appris qu'un gouvernement légal quelconque, si mauvais soit-il, est toujours meilleur que la meilleure révolution. Et comme l'important était de garantir l'espace de la religion, tout régime lié à l'ordre et à la tradition me paraissait meilleur. Tu dois avoir lu un article qui, l'autre jour, est sorti contre moi dans un journal et qui disait que j'avais soutenu Hitler... Ce n'est pas vrai. À cette époque, les communications n'étaient pas faciles et directes comme maintenant. Je ne savais pas grand-chose de ce qui se passait en Allemagne et qui, d'ailleurs, n'a empiré qu'à partir de 1939. L'Action intégraliste* dans laquelle j'étais entré en 1931, sur le conseil de mon évêque Dom Manuel, était une version brésilienne du fascisme de Mussolini – qui, évidemment, n'était pas meilleur que le nazisme d'Hitler. Mais j'en suis sorti en 1937, avant la guerre

---

\* Voir note p. 47.

et avant toutes les horreurs de l'holocauste. J'ai compris que je m'étais trompé et j'ai changé. J'ai compris aussi que le monde ne se divise pas, en réalité, entre droite et gauche, mais entre monde des riches et monde de l'immense multitude des pauvres. Aujourd'hui encore, je rencontre des personnes qui conservent cette vision manichéenne de la vie que j'ai eue jusqu'en 1937, après quoi mes idées ont évolué. D'ailleurs, dans toute ma vie, j'ai toujours suivi ce principe : seul ne change pas d'avis celui qui n'a pas la pensée pour changer. Je pense, donc je change… Et je veux continuer à changer toujours, toujours…

Applaudissements.

En face de lui, une femme, peut-être la mère d'un des jeunes, n'était pas satisfaite par cette explication. Elle réclama le micro et demanda :

— Vous êtes Nordestin, mais vous n'avez pratiquement pas exercé votre ministère dans le Nordeste. Normalement, ce sont les gens du sud qui viennent aider dans le Nordeste. Pourquoi vous, Nordestin, êtes-vous allé travailler à Rio ?

Il reçut la question et réfléchit un peu avant de répondre :

— D'abord, je n'ai pas eu le choix. Dans les années 1930, un évêque envoyait un prêtre quelque part et celui-ci y allait et c'est tout… Dom Manuel m'a envoyé à Rio en 1936 pour organiser la Revue de catéchèse et m'occuper de l'enseignement religieux au niveau national. Il n'y avait aucune organisation nationale de l'Église au Brésil. Ce n'est qu'en 1952 que j'ai réussi à créer la Conférence nationale des évêques du Brésil et le Conseil épisco- pal latino-américain (CELAM).

Une jeune fille prit la suite :

— Pendant des années, vous avez été une personne très impor- tante. Ami des gouverneurs et des présidents. Une personne très puissante. Comment avez-vous su profiter de ce pouvoir pour aider les pauvres ?

— En fait, je sens que Dieu m'a appelé pour organiser les gens, les mettre ensemble. Imaginez que, dans les années 1940, je fus même conseiller de la nonciature apostolique. (Quelques rires. Il doit avoir compris que beaucoup de jeunes ne savent pas ce qu'est une nonciature apostolique. Il explique :) Le pape a une sorte d'ambassadeur dans chaque pays. C'est un évêque formé en diplomatie au Vatican et qui représente le pape auprès des gouvernements de chaque pays et auprès des évêques et des diocèses. Il y a quelque temps, j'ai écrit une lettre au pape Paul VI pour lui suggérer de remettre l'ensemble du Vatican au gouvernement italien, d'aller habiter dans l'ancienne résidence de l'évêque de Rome, de renoncer à être chef d'État, de révoquer tous les nonces et de s'entendre directement avec les évêques de chaque pays. Il est clair que les nonces n'ont pas apprécié ce conseil et, aujourd'hui, je ne suis pas bien vu dans les nonciatures. Mais je racontais que, dans les années 1950, j'avais été conseiller de nonciature. Dans les années 1950 est arrivé le gonflement des capitales brésiliennes*. Je l'ai compris et je répétais toujours, partout où j'allais, que l'unique solution pour éviter cela et mieux organiser la vie du peuple serait une véritable réforme agraire qui maintiendrait les familles à la campagne. Ce n'est pas moi qui me suis rapproché des gouverneurs et des présidents. Je vous jure, chers frères : c'est eux qui se sont rapprochés de moi. Je pensais que, apparaissant à mes côtés, ils obtiendraient les votes du peuple qui me faisait confiance. À Rio de Janeiro, avec un groupe d'habitants, j'ai commencé la première expérience d'habitat populaire du Brésil, et d'une banque populaire qui s'est appelée Banque de la Providence. J'ai été au point de départ de la création de la Coordination des travailleurs agricoles (CONTAG) et d'autres associations sectorielles. Je vais vous raconter une histoire vraie que peu de gens connaissent : quand le président Juscelino fonda Brasília**, il me demanda un entretien particulier et je suis allé le rencontrer au palais du gouvernement à Rio. Il m'expliqua que le premier gouverneur

---

* Le Brésil est une fédération de 26 États disposant chacun d'un gouvernement, d'un Parlement et d'une capitale, et d'un district fédéral où se trouve la capitale fédérale, Brasília.
** Jusqu'en 1960, la capitale du Brésil était Rio de Janeiro. Le président Juscelino Kubitschek voulut Brasília pour attirer vers l'intérieur des terres la population et l'activité économique jusqu'alors concentrées dans les grandes villes côtières et assurer une meilleure répartition des richesses du pays. Il s'agissait aussi d'apaiser la rivalité entre les deux principales villes du pays : Rio de Janeiro, la capitale politique, et São Paulo, la capitale économique.

du district fédéral serait nommé par le président et, pour cette charge, il avait pensé à moi. Je l'ai remercié de sa confiance, mais j'ai expliqué : « Monsieur le président, si je deviens votre subordonné, je perds mon indépendance et la possibilité de vous critiquer. Ce n'est bon ni pour moi ni pour vous. » Il en convint et nous sommes restés bons amis. (Applaudissements.) Jamais je n'ai pensé que, en m'approchant des puissants, je pourrais mieux aider les pauvres. J'ai toujours cherché à aider les pauvres à s'organiser, à croire en la force de leur union et alors, je les aide à renforcer leurs organisations. Le seul cas où j'ai participé à des actions du gouvernement, ce fut dans le domaine de l'éducation. Pendant de nombreuses années, j'ai fait partie du Conseil national de l'éducation, et il est vrai que j'ai été à l'origine de l'idée de la Superintendance du développement du Nordeste (SUDENE). Mais jamais je ne me suis laissé abuser à cet égard. Un gouvernement ne fonctionne que quand il existe une société civile organisée et quand les pauvres reçoivent ce qui est leur droit, et non quelque aumône ou assistance politique.

Le jeune homme qui prit la suite dans le tour des questions était séminariste :

— Et par l'Église, vous vous sentez reconnu, compris ?

Moi qui étais en face, je vis que le visage du Dom traduisait sa réaction de tristesse et, en même temps, de doute. Devait-il ouvrir son cœur aux jeunes qui commençaient leur chemin dans l'Église ? À cette époque, moi-même je ne savais pas ce que j'ai su par la suite. En fait, il prit la tangente pour répondre, ou plutôt, il réorienta sa réponse dans un sens différent de ce que le jeune voulait savoir :

— Pour moi, l'Église est le peuple de Dieu et je me suis toujours senti reconnu et compris par le peuple de Dieu. Quant à mes frères évêques, je respecte la diversité de leurs opinions et je m'entends bien avec tous, indépendamment de leurs positions politiques. Je dialogue avec quiconque accepte de dialoguer avec moi. Jamais je n'ai accepté de parler dans un diocèse si l'évêque du lieu n'avait pas donné son accord, et il est arrivé que je doive renoncer à des conférences importantes pour cette raison.

À ce moment, un jeune l'interrompit en criant :

— Cela montre que tous ne vous acceptent pas.

Le Dom ne perdit pas son calme :

— C'est à vous de le leur demander. Moi, je les accepte tous.

L'assemblée décida de chanter quelque chose et de faire une pause. Dom Helder prit un verre d'eau et s'assit, comme pour réfléchir.

## Le concile de la Jeunesse

Dialoguer avec les jeunes fut une priorité dans sa vie. À la fin des années 1960, le frère Roger Schutz, prieur de la communauté de Taizé*, proposa à la jeunesse un processus de formation de petits foyers dans lesquels les jeunes vivraient la recherche d'une vie plus profonde, s'essayant à une vie communautaire et plus libre. Ce processus culminait dans ce qu'il appelait le « concile des Jeunes ». La hiérarchie catholique, qui a toujours réservé le terme de « concile » pour les réunions d'évêques convoquées par le pape, ne condamna pas la proposition, mais resta cependant réservée. Dom Helder n'entrait jamais dans ce genre de discussion. Il participa personnellement à plusieurs rencontres et donna tout son appui au processus.

Au début de sa vie à Recife, chaque semaine, il réservait une soirée pour accueillir les jeunes et, simplement, organisait des moments musicaux auxquels il participait avec l'un ou l'autre de ses compagnons. Dom Helder a toujours pensé que la musique était un moyen de communication avec les jeunes, et plus particulièrement la musique populaire brésilienne de l'époque. Dom Helder assistait même à des concerts que des chanteurs comme Milton Nascimento, Gal Costa ou Chico Buarque donnaient au gymnase des Sports qui, à Recife, s'appelle « Geraldão ».

Ce samedi soir, au collège salésien, Dom Helder paraissait se livrer aux jeunes. Les jeunes qui étaient là entendaient son message. Ils chantaient des chants qui ont marqué cette époque au Brésil. À la fin, un jeune prit le micro et lança la question que, maintenant, nous reprenons directement dans ce chapitre.

---

* Voir note p. 56.

Il ne demanda pas quel était l'héritage de Dom Helder pour la jeunesse, question que, après sa mort, nous nous sommes posée. La question fut formulée ainsi :

— Dom Helder, quel est votre message pour nous, les jeunes ?

Le Dom se réjouit de la question. Il lissa ses rares cheveux et parla comme quelqu'un qui s'adresse à des amis intimes :

— « Message » est un mot ambigu, parce que celui qui envoie un message n'est pas présent. Moi, je veux rester avec vous. Avant de vous dire quelque chose et de vous donner un message, je veux vous écouter, vous comprendre. Accueillir chacun, chacune, avec ses idées, sa manière de vivre et d'agir. Et à partir de là, oui, nous pourrons dialoguer, demander que je vous aide à être des disciples de Jésus-Christ et des serviteurs de tous. Je veux établir avec vous un dialogue d'amitié et de confiance. Dans cette confiance, j'ose vous proposer quelques idées et pistes d'action. La jeunesse s'angoisse et se révolte devant les grands problèmes du monde, et cela montre que les jeunes ne sont pas indifférents à ce que vit toute l'humanité. Les jeunes ne s'enferment pas dans leur petit monde personnel. Vous avez une force immense. Vous avez tout à fait raison de ne pas vous résigner à hériter d'un monde tout fait et organisé. Vous êtes la prophétie de ce monde parce que vous ne permettez pas que la société se résigne face à tant d'injustices structurelles. Moi, je vous propose : faites une révolution économique et sociale, mais faites aussi une révolution morale et intérieure. Faites-la dans le dialogue.

◆

Dom Helder disait toujours : « Le secret pour être toujours jeune – même quand les années avancent, laissant des marques dans le corps – le secret d'une éternelle jeunesse de l'âme, c'est d'avoir une cause à laquelle consacrer sa vie. »

---

1. Dom Helder Camara, *Révolution dans la paix*, Éditions du Seuil, 1970, pp. 56-58.
2. Marie-Jo Hazard, *Prier 15 jours avec Dom Helder Camara*, Paris, Nouvelle Cité, 2003, p. 19.

## Spécialise-toi

*dans l'art de découvrir*
*en toute et en n'importe quelle créature*
*le bon côté qu'elle possède :*
*personne n'est que méchanceté.*

*Spécialise-toi*
*dans l'art de découvrir*
*en toute et en n'importe quelle idéologie*
*l'âme de vérité*
*qu'elle porte en son sein :*
*l'intelligence est incapable*
*d'adhérer à l'erreur totale*[1]...

## Ne crains pas la vérité

*Si dure qu'elle puisse te paraître,*
*et si fort qu'elle te blesse,*
*elle est authentique.*
*Tu es né pour elle.*
*Si tu vas à sa rencontre,*
*si tu dialogues avec elle,*
*si tu l'aimes,*
*il n'y a pas de meilleure amie,*
*ni de meilleure sœur*[2]...

---

1. Dom Helder Camara, *Le désert est fertile*, p. 51.
2. *Id.*, p. 51.

## VIII

## « Le bonheur des uns ne peut se construire sur le malheur des autres »

« Avancer pour avancer, ce n'est pas encore vraiment voyager. Voyager, c'est aller à la recherche d'un but ; c'est prévoir une arrivée, un débarquement. Mais il y a voyage et voyage. Pour les minorités abrahamiques*, partir signifie se mettre en mouvement et aider beaucoup d'autres à se mettre en mouvement pour construire un monde plus juste et plus humain[1]. » Quand on parle de cause à laquelle consacrer sa vie, il est évident qu'il faut distinguer entre cause et cause. Embrasser une grande cause, lui être fidèle, se sacrifier pour elle, c'est important comme de trouver sa vocation.

Une des intuitions les plus importantes de Dom Helder me paraît avoir été qu'il a toujours cherché à s'adresser à ceux qui sont « en dehors » des murs de l'Église. Tout être humain était pour lui un frère ou une sœur avec qui dialoguer et à servir. Cependant, il se considérait particulièrement proche de toute

---

* Ce que Dom Helder appelait les « minorités abrahamiques », ce sont tous les hommes et les femmes de bonne volonté, toutes ces personnes qui, dans le monde entier, dans les groupes ou les organisations, espérant contre toute espérance, se mettent en route pour faire avancer la justice, changer les structures... On pourrait compter, par exemple, dans ces minorités abrahamiques, les organisateurs et les participants des forums sociaux, les organisations de défense des droits de l'homme...

personne qui cherche la justice dans le monde, et pour ces frères et sœurs, je pense qu'il a laissé un héritage spécial.

Quand j'ai connu Dom Helder, l'accusation que lui faisaient le plus souvent ses adversaires était qu'un évêque catholique devrait être le pasteur de tous alors que, par son langage et ses actions, le Dom séparait l'humanité entre pauvres et riches, bons et mauvais. Ils l'accusaient de distiller la haine des classes et de prêcher un Dieu des pauvres contre les riches. Dom Helder en souffrait et disait : « Si je donne à manger aux pauvres, ils m'appellent un saint. Si je demande pourquoi les pauvres n'ont pas à manger, ils me traitent de communiste. »

## Un chemin de vie

Comme pour d'autres questions, Dom Helder évolua beaucoup sur la motivation sociale de son travail et sa méthodologie de l'action. Dans les années 1950 et jusqu'au milieu des années 1960, il soutenait que l'Église devrait agir au plan social, « avant que les communistes ne le fassent et comme un moyen de combattre le communisme ». Par la suite, il a compris que la solidarité sociale et politique n'est pas une activité de plus dans la mission de l'Église. C'est sa raison d'être, comme témoignage du projet de Dieu pour le monde. À partir de là, il a commencé à voir toute personne qui travaille pour la justice comme un allié et un compagnon même si, s'agissant de groupes subversifs, il tenait à affirmer son désaccord avec les méthodes employées et n'acceptait pas la haine de classe et la violence.

Qui a connu Dom Helder sait qu'il ne disait jamais de mal de quelqu'un et, quand il critiquait une attitude ou une opinion, je l'ai souvent vu préciser qu'il ne condamnait pas la personne en question. Une des rares fois où je l'ai entendu critiquer quelqu'un, il se plaignait d'un agent pastoral. Sa plainte me frappe encore aujourd'hui : « C'est une personne qui déteste les riches et qui n'aime pas suffisamment les pauvres pour être une personne d'amour. »

Jamais je n'aurais imaginé que mon initiation avec Dom Helder au monde de l'amour des pauvres se fît par les petites choses du quotidien, par la formation d'une sensibilité nouvelle. À cette époque, malgré la censure, forte alors dans les milieux qu'il fréquentait, on trouvait facilement les livres classiques du marxisme, les analyses politiques des groupes de gauche qui, au Brésil, essayaient de se réorganiser. Dans les cercles de l'Église, on commençait à parler de théologie de la libération, et le père Joseph Comblin, mon maître en théologie, avait publié sa *Théologie de la révolution*. Tout cela m'intéressait et, à mesure que j'y avais accès, je cherchais à dévorer. Cependant Dom Helder me surprenait par sa différence. Il soutenait la théologie de la libération qui, à cette époque, faisait ses premiers pas. Pourtant, quand quelques compagnons de la théologie de la libération étudiaient la réalité et analysaient la société à partir des catégories du marxisme, Dom Helder dialoguait déjà avec les marxistes depuis le début des années 1960, mais n'acceptait pas leur analyse de la réalité. Certes, il faisait une analyse critique des structures du monde et proposait la transformation sociale et politique de ces structures. Il disait : « Aucun bonheur ne peut se construire sur le malheur des autres, parce qu'il offenserait le sens de la justice qui concerne tout le monde. (…) Dieu a donné à l'être humain le pouvoir et la responsabilité de ne pas se satisfaire de la souffrance et de la douleur de l'innocent, mais de combattre le mal et l'injustice. C'est notre tâche à tous. »

Pourtant, il croyait que, pour être vraiment profonde et efficace, cette action transformatrice devait être vécue dans la non-violence active, ce que les marxistes orthodoxes ne pouvaient accepter. Quelques-uns attribuaient cette attitude au fait qu'il était religieux et lié au catholicisme populaire. Il aimait citer Gandhi : « Soyez vous-même le changement que vous proposez pour le monde. »

« La non-violence se refuse à faire des victimes chez les autres. Elle se situe du côté des victimes pour changer la réalité. La difficulté, c'est de réfléchir, de préparer et d'organiser l'action non violente pour que le peuple ne l'abandonne pas au premier choc. Il n'existe pas de possibilité de victoire contre l'oppression et contre les structures d'injustice sans sacrifice. Les sacrifices acceptés par la non-violence préparent mieux l'avenir et la réconciliation que les sacrifices imposés par la violence[2]… »

## La violence est partout

C'est dans le Nordeste, plus qu'ailleurs, que Dom Helder découvrit que la pire des menaces, « la pire des bombes nucléaires, pire que la bombe A (atomique), est la bombe M (bombe de la misère). Cette bombe survient du fait de trois violences structurelles : 1. La violence de la petite minorité qui vit dans le luxe et dont la richesse se nourrit de la misère de millions de frères. 2. La violence exercée contre le monde des pauvres par ce qu'on appelle le monde développé. Pour chaque dollar qu'un gouvernement ou une entreprise du premier monde investit au Brésil, ils prennent en retour huit fois plus et disent ensuite qu'ils nous aident. Ils oppriment le peuple et détruisent la nature au nom du progrès. 3. La violence armée qui défend cet ordre établi et traite de subversif quiconque tente de changer cet ordre injuste. »

À cette triple violence, Dom Helder veut répondre par la non-violence. Une non-violence active qui n'a rien à voir avec la passivité. Il insistait : « Une non-violence qui ne se préoccuperait pas d'être efficace en changeant l'Histoire, ne serait que pure passivité, bien que chargée de bons principes et de bons sentiments. » Pendant longtemps, il disait préférer le terme de Roger Schutz, « la violence des pacifiques », que simplement « non-violence ».

Dom Helder dut beaucoup changer son mode de relation aux puissants. Au début de son ministère d'archevêque, il avait des relations avec les militaires, d'autorité à autorité. En 1966, des prêtres et des laïcs vinrent lui demander de ne pas accepter de célébrer la messe d'anniversaire de la révolution, le 31 mars*. Il y serait allé, mais il obéit à ses auxiliaires et à ses conseillers. Il adressa une lettre au général de la 4ᵉ armée :

« En conscience, je me sens dans l'impossibilité de célébrer la messe en plein air pour l'ouverture des festivités du deuxième anniversaire de la révolution. La cérémonie est typiquement civico-militaire, et pas religieuse... »

---

* C'est le 31 mars 1964 qu'eut lieu le coup d'État militaire du Brésil, le premier de cette époque en Amérique latine.

À la télévision, le général Muricy condamna « l'interprétation malveillante et inconcevable de la plus haute autorité ecclésiastique du Pernambouc[3] ». Dans ces années de durcissement de la dictature, quelques groupes de gauche s'organisaient pour la guérilla et la lutte violente. Dom Helder déconseillait cette voie et proposait ce qu'il appelait une « pression morale libératrice ». La pression morale supposait la conscientisation du peuple, la dénonciation des crimes de la dictature et la réflexion critique qui montrait qu'une doctrine comme celle de la Sécurité nationale était un leurre. Pour se consacrer à la « pression morale libératrice », il se mit à parcourir le monde entier, dénonçant les tortures des prisonniers politiques et les violations des droits humains au Brésil. Il expliquait que la propagande occidentale parlait des crimes du communisme, mais que les dictatures latino-américaines n'étaient pas meilleures. À cette époque, beaucoup de gens, même des personnes ouvertes et politiquement avancées, trouvaient ce discours du Dom déconnecté de la réalité quotidienne du peuple simple, et même inadéquat pour des Nordestins qui connaissaient à peine le coin de leur rue et n'étaient pas intéressés à ce qui se passait hors de leur quartier. Aujourd'hui, je me rends compte qu'il avait une profonde confiance dans le peuple et qu'il pensait que tous avaient le droit de savoir et la capacité de juger la réalité. Comme prophète de Dieu, il avait conscience de prêcher dans le désert, mais quand quelqu'un le lui faisait remarquer, il riait et concluait : « Une hirondelle ne fait pas le printemps, mais au moins, elle l'annonce. »

## Un mouvement de non-violence

Au milieu des années 1960, en pleine dictature militaire, « Dom Helder songea à créer un mouvement de non-violence, à l'échelle nationale et internationale, qui crée une opinion publique favorable, sans distinction de croyances religieuses, pour lutter pacifiquement pour un changement de structures et pour l'application de la Déclaration universelle des droits humains de l'ONU. Pour le Brésil, Dom Helder eut aussi l'idée de fonder un parti politique alternatif aux deux qui existaient, ARENA et MDB*, insatisfait qu'il était du fait que, bien que les jeunes et les travailleurs les plus politisés l'accueillent avec bonheur dans tout le Brésil, dans les innombrables conférences qu'il prononçait, cet enthousiasme ne se traduisait pas en mesures pratiques.

« Une ébauche de ce que serait ce nouveau parti fut rédigée en novembre 1967. Un nom et un sigle furent choisis : Parti du développement intégral (PDI). Il voulait fonder le parti et disparaître pour que ce soit une action de laïcs, totalement indépendante de l'Église. Dans le travail d'organisation, le Dom dut convenir qu'il ne réussirait à fonder aucun parti politique. Le résultat fut qu'il commença à organiser un mouvement international qu'il appela Action Justice et Paix[4]. »

Au quotidien, ce que j'appris aussi avec le Dom fut de savoir que je devrais entreprendre, en premier lieu, la révolution de ma sensibilité et de mes critères de goût et de jugement.

Il disait : « J'aime beaucoup quand, dans saint Matthieu, Jésus parle des doux qui posséderont la terre. Non seulement le ciel, l'éternité, mais la terre. Je sais que beaucoup doutent de la force de la non-violence active. Je ne dis pas que la douceur, la bonté et la mansuétude permettent de tout réussir. Mais il me semble évident qu'on peut obtenir plus par la douceur, par la bonté et par la mansuétude que ce qu'on peut obtenir par la violence. »

Au cours des nombreuses années où j'ai travaillé avec lui, j'ai compris que c'est cela qu'il cherchait à vivre au pied de la lettre. Dom Helder était l'archevêque de Recife et n'adoptait jamais une posture de pouvoir. Quand je suis retourné à Recife en 1986, quelques mois après son remplacement à l'archidiocèse, un prêtre qui le critiquait beaucoup m'avoua : « Pendant ces vingt et une années où il a été mon archevêque, je ne l'ai jamais vu prendre une attitude de pouvoir. » Jamais je ne l'ai vu traiter moins bien un riche ou considérer moins une personne qui avait une position traditionaliste ou conservatrice. En même temps, il

---

* La dictature imposa le bipartisme, avec l'Aliança Renovadora Nacional (ARENA), formée par les politiciens conservateurs comme parti du pouvoir et le Movimento Democrático Brasileiro (MDB) comme parti d'opposition.

ne cachait à personne son souci prioritaire pour les plus pauvres qu'il appelait « les préférés de Dieu ».

## Les risques de la solidarité

De nombreux souvenirs sont si vivants qu'ils semblent dater d'hier. Cependant, comme de nombreuses années ont passé, je ne sais plus dans quel ordre les choses se sont passées. En 1970 (ou était-ce en 1971 ?), deux jeunes du PCdoB[*] qui vivaient à Recife m'ont contacté : ils avaient besoin de se cacher pour ne pas être pris par la police politique. Ils me demandèrent de les cacher dans la Fraternité, mais ils se sentaient le devoir de me prévenir que, en les accueillant, je courrais moi aussi le risque d'être pris comme complice. J'avais peur, mais je ne me sentis pas le droit de refuser. Je demandai son avis à Dom Helder sur le fait de mettre en danger tout un groupe de jeunes et tout le travail qu'il faisait. Il pensa que, de fait, il était bon de prendre quelques précautions. Nous décidâmes que je demanderais à chacun d'eux une lettre me demandant de faire partie du groupe et se présentant comme un étudiant quelconque qui vient de l'intérieur et cherche un accueil dans la grande ville. Je répondrais aussi par écrit et garderais une copie pour, en cas de nécessité, montrer que le type de relation n'était pas de groupe politique, et encore moins de conspiration armée. Il poursuivit :
— De plus, prends certaines précautions, comme de leur demander de ne pas fréquenter les réunions plus ouvertes, pour ne pas s'exposer.
Tout cela pourrait aider, mais nous étions à une période où le gouvernement avait publié une loi officialisant la peine de mort pour les subversifs qui attentaient à la sécurité nationale. Si nous étions découverts, rien ne me sauverait. J'en avais conscience et lui, Dom Helder, m'aida en disant :
— Dans une situation comme celle-ci, nous courons tous des risques. L'important est de ne pas laisser tomber la prophétie.

---

[*] Parti communiste du Brésil.

Zé Gaúcho et Clélio vécurent avec nous dans la maison et participèrent au groupe de la Fraternité pendant deux ou trois ans. Ces révolutionnaires acceptaient de risquer leur vie pour la cause du peuple. Ils renonçaient à avoir une vie sociale ordinaire pour voir le peuple brésilien libre et dans un pays juste. Ils vivaient sous le risque d'être découverts. Certains de leurs compagnons furent arrêtés, torturés, et quelques-uns y laissèrent la vie. J'ai pensé souvent que eux, qui se proclamaient athées et ennemis de la religion, étaient plus disciples de Jésus que moi qui avais une situation personnelle sûre et un mode de vie encore peu donné aux autres. L'un d'eux (Zé Gaúcho) disait admirer beaucoup Dom Helder mais n'était pas d'accord sur sa non-violence. À son avis, le discours non violent finissait par accepter que les opprimés restent opprimés et favorisait celui qui opprimait... À cette époque, je ne savais que répondre. Je n'avais pas fait de synthèse personnelle sur ces questions. J'étais partagé. Je travaillais avec Dom Helder et je l'admirais de plus en plus. Pourtant, parfois, je me demandais s'il ne reprenait pas, dans le Brésil de la dictature, une méthode qui avait été utile pour les États-Unis du pasteur Martin Luther King ou même dans l'Inde de Gandhi, mais qui ne convenait pas pour une dictature sanglante...

Un jour, j'accompagnai Dom Helder et Dom José Maria Pires, alors archevêque de João Pessoa, ainsi que quelques agents de pastorale, dans l'intérieur de la région, à la frontière entre le Pernambouc et le Paraíba, où un grand propriétaire terrien avait démoli une clôture et envoyait son bétail pour manger les plantations des petits paysans. Il agissait ainsi pour les faire partir. Et si quelqu'un touchait au bétail, il avait placé à peu de distance, près de la clôture démolie, des gardes à cheval et armés de fusils, attendant quiconque se risquerait à toucher au bétail.

Nous sommes arrivés vers neuf heures du matin et sommes descendus de voiture en face de la clôture, à une vingtaine de mètres des pistoleros armés. Dom Helder nous réunit en cercle. Plusieurs paysans arrivèrent et firent une prière. Je vis, au milieu du groupe, un photographe avec son appareil, prêt à enregistrer ce qui allait se passer. Tout à coup, Dom Helder se baissa, prit une baguette qui semblait avoir été jetée dans le champ et traversa la clôture détruite. Il commença à piquer le bétail. Dom José Maria le suivit. L'un d'entre nous en fit autant. En peu de temps, nous étions tous à repousser le bétail du terrain pour relever la clôture. Les pistoleros s'agitèrent, avancèrent vers nous. L'un cria quelque chose aux autres. Un autre tira en l'air. Je mourais de peur. Dom Helder continua ce qu'il faisait. Nous ne nous arrêtâmes pas. Ils ne bougèrent pas. Tout le bétail fut retiré de l'enclos et la clôture fut remise en place. Nous sommes restés là avec la communauté jusqu'à la tombée du jour. Ce jour-là, j'ai appris que la non-violence active était une attitude d'affrontement courageux de l'injustice, et avec des risques vitaux.

À cette époque aussi, l'équipe fraternelle fonctionnait à Recife et se réunissait fréquemment chez moi, à Olinda. C'était un groupe œcuménique constitué de pasteurs et de laïcs de plusieurs Églises qui se réunissaient pour agir ensemble au service des plus pauvres et pour porter témoignage de l'unité chrétienne. À partir de 1971, nous avons reçu des demandes de parents et d'amis de prisonniers politiques pauvres qui avaient besoin d'aide pour payer avocat et frais du procès. Cela nous a fait entrer en dialogue avec des militants du PCdoB qui organisaient l'appui aux prisonniers politiques.

Un jour, en septembre 1974, Fred Morris se trouvait avec Alanir Cardoso, un jeune du PCdoB qui disait s'appeler « Luiz ». Il était venu discuter de la manière d'aider de nouveaux prisonniers politiques. Ils furent arrêtés dans la rue Espinheiro, à l'entrée de l'immeuble où vivait le pasteur Fred. La foule vit soudain descendre d'une voiture des hommes armés et masqués qui saisirent le pasteur et son compagnon et les jetèrent dans le véhicule avant de disparaître avec eux.

Au monastère d'Olinda, j'ai su à midi ce qui était arrivé, par un coup de téléphone de la famille de la fiancée de Fred. Dom Helder était à l'étranger. J'ai immédiatement pensé à contacter d'autres frères de l'équipe pour voir si l'un d'eux acceptait de venir avec moi, mais je me rendis compte que je ne pouvais pas leur demander cela (certains étaient pères de famille ou risquaient de perdre leur emploi) et, malgré ma crainte (nous étions à l'apogée de la dictature et je m'exposerais de manière irréversible), je pris la décision de chercher Fred de caserne en caserne dans la ville. Je ne pouvais pas laisser voir que je connaissais l'autre prisonnier mais, en cherchant Fred, j'essaierais aussi de défendre son compagnon. Ce fut un après-midi d'humiliations et d'interrogatoires inutiles. Dans aucune caserne je n'ai pu rencontrer le commandant. Le major ou le sergent qui me recevait disait ne rien savoir du pasteur prisonnier ou de son compagnon, et m'envoyait dans une autre caserne. Là j'étais fiché, fouillé et renvoyé sans la moindre information. À la fin de la journée, j'étais nerveux et je me sentais rompu. Le soir, à la rencontre communautaire des moines (le chapitre du monastère), je ne sais comment un moine (Dom Hildebrando) m'accusa d'être allé de caserne en caserne à la recherche d'un subversif protestant, et de risquer ainsi de compromettre toute la communauté du monastère. L'abbé, Dom Basílio Penido, prit ma défense : « Il s'est montré solidaire et fidèle dans l'amitié. » Même sans être d'accord avec notre ligne d'action, l'abbé accepta que je réunisse dans l'église du monastère, le soir suivant, toutes les personnes qui accepteraient de venir à une veillée de prière pour les prisonniers. Je me rappelle encore son argument :

— Je ne suis pas d'accord avec ta ligne politique mais, entre l'amitié avec les militaires et la fraternité avec les frères protestants, mon obligation éthique est de rester avec ces derniers qui, dans ce cas, sont victimes d'injustice.

Aussitôt, Dom Helder dénonça au niveau international le fait que le pasteur et son jeune ami aient été séquestrés par la police et torturés avec barbarie pendant dix jours au bout desquels le gouvernement brésilien expulsa le pasteur du Brésil. À son arrivée aux États-Unis, celui-ci fit la « une » de la revue *Time* et il dénonça dans divers organes de presse les tortures qu'il avait subies et la réalité oppressive de la dictature militaire brésilienne.

Au cours de ces années, huit personnes (des laïcs) qui aidaient le Dom dans l'opération Espérance – travail social de l'archidiocèse – et dans le programme « Rencontre de frères » – travail de formation des communautés de base – furent arrêtées et torturées. Moi-même, je fus presque témoin de l'arrestation de Henrique Cossard et de Margarida Serpa Coelho (Peggy) en avril 1975. C'était un samedi matin. Dom José Maria Pires, sœur Maria Leticia, religieuse bénédictine, et moi, nous avions visité des prisonniers politiques au pénitencier de Itamaracá et nous venions voir ce couple ami (Henrique et Peggy) qui habitait dans un quartier de la périphérie de Recife. Nous arrivions lorsque des hommes de la répression les emmenaient tous les deux, nous ne savions pas où, et elle était enceinte. Nous fûmes retenus dans la maison elle-même où nous passâmes la journée, et fûmes interrogés individuellement, avant d'être libérés[5].

## Procès judiciaires

Dom Helder lui-même eut ses procès judiciaires. Le plus connu fut intenté par des grands propriétaires terriens de Palmares qui l'accusaient d'inciter à la lutte des classes et d'avoir commandité un acte violent. Un paysan, qui avait reçu un coup de poing d'un patron du sud de l'État, se défendit en lui donnant un coup avec un couteau qu'il avait à la ceinture. Dom Helder fut accusé d'être le responsable idéologique de ce « crime ». Le tribunal l'acquitta.

Autre fait mineur, que j'ai appris par des tiers. Ce fut une des nombreuses fois où Dom Helder parcourait le trajet entre sa maison et son bureau que, sans le vouloir, il s'engagea dans un conflit avec la justice. Un adolescent, de ceux qui vivent dans la rue, avait volé quelque chose ou, du moins, était accusé de vol. Et il allait être arrêté par un policier. Le gamin était étendu par terre, blessé aux côtes par un coup de pied et la matraque du colosse qui l'avait pris. Autour de lui, un groupe de curieux s'était formé et quelques-uns criaient : « Tuez-le ! Tuez-le ! C'est un bandit ! »

Dom Helder, qui passait dans la rue à ce moment-là, vit le groupe et s'approcha. Comme par un tour de magie si rapide que personne ne saurait l'expliquer, le Dom se plaça entre le soldat armé et le gamin tombé. Il le releva tandis que quelques personnes reculèrent en silence, comme honteuses. Je ne sais si le soldat le reconnut :

— C'est un bandit, père. Ne vous en mêlez pas !

— C'est mon petit frère et, même s'il a tort, il doit être traité comme une personne humaine. Si c'est le cas, il sera jugé et paiera ce qu'il doit à la justice, mais sans être torturé ni condamné avant le procès.

Peu de gens présents comprirent son propos. Il accompagna le garçon jusqu'au tribunal destiné aux mineurs et le soldat le poursuivit en justice pour avoir fait obstacle au travail de la loi et avoir manqué de respect vis-à-vis de l'autorité policière. Bien que les organes de presse n'aient pas le droit de publier le nom de Dom Helder, le lendemain – c'était un dimanche –, le *Jornal do Commercio* rapporta non pas l'épisode du gamin de rue mais le fait que le policier ait accusé l'archevêque. Le reportage avait en manchette l'opinion d'un prêtre traditionaliste, curé d'une des principales paroisses de la ville : « Son excellence ne défend les bandits que parce qu'il n'a pas encore été agressé. »

Dans ce contexte, ces mots semblaient suggérer ou légitimer une agression anonyme contre l'archevêque, comme c'était arrivé à d'autres personnes qui défendaient les droits humains. Nous tous qui travaillions avec lui, nous étions indignés et voulions le défendre. Le lundi matin, nous nous sommes tous retrouvés autour de lui pour la réunion de l'équipe de pastorale. Le Dom ne paraissait pas très préoccupé par l'incident de l'adolescent ni par le procès auquel il devrait répondre. Moins encore par le commentaire peu respectueux d'un prêtre de son archidiocèse vis-à-vis de son évêque. La réunion commença par la mise au point d'un ordre du jour, et tout le monde voulait traiter de ce sujet. Nous étions convaincus que l'archevêque nous représentait tous et que toucher à lui, d'une certaine manière, c'était toucher à tout l'archidiocèse. Le prêtre devait, au moins, recevoir un avertissement. Dom Helder refusa cette proposition. Je me souviens encore de son visage quand il dit : « Comment voulez-vous que moi, qui lutte pour la liberté de conscience et d'expression, je prenne une telle attitude contre un frère précisément parce qu'il a fait ce que je propose : il s'est exprimé librement ? Je défends son droit à dire ce qu'il veut. » Personne ne réussit à le convaincre. Normalement, un argument auquel il avait toujours cédé était qu'une telle division trouble les gens simples qui ne savent plus que penser. Pourtant, ce jour-là, il ne céda pas. Il dit au groupe :

« *Le Deuxième Livre de Samuel* raconte que, un jour, le roi David marchait avec son armée. Un certain Shimeï, descendant de Saül, commença à lancer des pierres sur le roi et à proférer des injures et des malédictions contre David. Le général Joab demanda au roi la permission de tuer cet homme. Le roi refusa et expliqua : "Si Dieu a permis qu'il agisse ainsi, qui suis-je pour l'empêcher ?" Ainsi je pense que, même si je ne mérite pas ce que ce prêtre a dit de moi, j'ai d'autres péchés à cause desquels je dois être humble et accepter ces accusations injustes. »

Et ce prêtre qui lui était hostile ne souffrit jamais la moindre contrainte.

### Rencontres et rendez-vous manqués

Parfois, le choix de la non-violence active ne lui épargnait pas des conflits désagréables. L'hostilité d'une partie de l'élite de la ville contre le Dom augmentait de plus en plus. Je pense que ce fut cette année-là, à Noël, que quelques moines du monastère furent impliqués dans une histoire dans laquelle, selon celui qui l'a racontée, l'archevêque aurait agi de manière agressive et sectaire. Une dame, oblate bénédictine, alla trouver un moine et, scandalisée, lui raconta qu'une de ses amies, épouse d'un des grands patrons du Pernambouc, fut touchée par le message de Dom Helder. Elle participa à une messe célébrée par l'archevêque et, à la fin, alla le saluer. Au moment de partir, elle mit dans les mains du Dom un chèque de valeur importante et chuchota :

— C'est pour le Noël de vos pauvres.

Aussitôt, sans même ouvrir les mains ni vérifier ce qu'il avait reçu, le Dom lui rendit le chèque. La femme ne comprit pas et il lui expliqua :

— Ma sœur, Dieu vous bénisse pour votre générosité. Mais mes pauvres n'ont pas besoin d'aumône. Ils veulent la justice. Je vous remercie beaucoup, mais je vous suggère de prendre ce chèque et, avec cet argent, de rectifier le salaire que vous payez à votre cuisinière, à la personne qui lave les vêtements de votre famille et à votre jardinier.

La femme reprit le chèque et se retira offensée, jurant qu'elle ne mettrait plus les pieds à l'église tant que cet archevêque communiste y serait.

Dom Helder était triste quand il entendait parler de cela. Il ne voulait peiner personne, et il le faisait tous les jours. Beaucoup attendaient de lui une proposition plus précise d'organisation. Après la « pression morale libératrice » et après avoir fondé au plan local l'« opération Espérance », Dom Helder lança l'idée d'organiser ce qu'il appelait les « minorités abrahamiques » : « Je crois en ces minorités capables de comprendre l'"Action Justice et Paix" et de l'adopter comme champ d'étude et d'action. Je les appelle "minorités abrahamiques" parce que, comme Abraham, nous espérons contre toute espérance. »

Abraham fut le patriarche, âgé, marié à une femme stérile, que Dieu appela pour inaugurer une histoire nouvelle et être le patriarche d'une multitude de peuples. La Lettre aux Hébreux dit que « Abraham espéra contre toute espérance et partit sans savoir où il allait » (He 11). Alors, les minorités abrahamiques sont des personnes et des groupes minoritaires, sans pouvoir, qui, dans le monde, nagent à contre-courant mais croient que, comme cela s'est produit pour Abraham, par la force de la foi, ils portent dans leur corps apparemment stérile et fatigué une énergie de vie nouvelle et de fécondité qui sera une bénédiction pour le monde entier.

Une des premières fois où il expliqua comment il entendait ses « minorités abrahamiques », Dom Helder parlait de sa proposition à quelqu'un qui voulait se mettre au service d'un avenir meilleur pour l'humanité. La discussion portait sur ce qui pourrait être la meilleure proposition. Il écrivit : « La complexité du monde est si grande qu'il serait ridicule pour quelqu'un de se prétendre le maître d'une formule applicable à toutes les situations, pour toutes les races, toutes les régions, tous les pays, de tous les continents. Mais il y a des problèmes qui, par-delà les diversités, se posent pratiquement à l'humanité tout entière, même si c'est avec une force et sous des formes variables. (…)

« S'il m'est permis une allusion à mon histoire personnelle, je peux évoquer mon demi-échec : un demi-échec qui me pousse à de nouveaux combats et qui m'ouvre de nouveaux espoirs. Pendant six ans, j'ai rêvé d'un grand mouvement de pression morale libératrice. J'ai lancé Action Justice et Paix. J'ai parcouru la moitié du monde. J'ai fait appel aux institutions : universités, Églises et groupes religieux, syndicats ouvriers, organisations de techniciens, mouvements de jeunesse, etc. Après six ans, j'en suis arrivé à la conclusion que les institutions, en tant que telles, sont empêchées pour deux raisons de poser des gestes audacieux et décisifs :

«• elles ne peuvent traduire que la moyenne des opinions de leurs membres ;

«• dans la société capitaliste, elles sont obligées, pour survivre, de rester liées, directement ou indirectement, à l'engrenage (…).

« En même temps que je constate qu'il est pratiquement vain de faire appel aux institutions en tant qu'institutions, je découvre partout – y compris, par intuition, dans les pays de l'Est – des minorités qui me semblent constituer, pour la justice et pour l'amour, une force comparable à celle de l'énergie nucléaire enfouie, pendant des millions d'années, au plus intime des atomes, attendant l'heure d'être découverte[6]. »

« Il faut animer et organiser ces minorités abrahamiques… »

◆

L'histoire de l'humanité, dans les dernières décennies, a donné pleinement raison à Dom Helder : les groupes armés et les révolutions violentes n'améliorent rien. Les idées que, au début des années 1970, Dom Helder était un des rares à proposer à la société, des chemins comme le dialogue entre les religions et entre les cultures, gagnent aujourd'hui une force et une actualité nouvelles.

Il paraît évident que, en ce début du XXIᵉ siècle, le monde a encore plus besoin de l'action non violente active, articulée et engagée avec l'inclusion sociale, avec la paix, la justice et le souci de l'univers auquel nous appartenons. Ces minorités abrahamiques continuent leur chemin de consécration aux grandes causes de l'humanité.

1. Dom Helder Camara, *Le désert est fertile*, pp. 38-39.
2. Marie-Jo Hazard, *Prier 15 jours avec Dom Helder* Camara, p. 79.
3. Cf. Nelson Piletti et Walter Praxedes, *Dom Helder Camara, entre o poder e a profecia*, p. 332.
4. *Ibid.*, pp. 351-352. Pour José de Broucker, il ne fait aucun doute que le mouvement des grands forums sociaux de ces dernières années, qui est né au Brésil, participe de l'esprit d'Helder Camara : « C'est ce qu'il appelait de ses vœux quand il invitait les "minorités abrahamiques" – tous les hommes de bonne volonté capables de penser l'universalité – à passer de la simple prise de conscience des problèmes à la "pression morale libératrice" qui conduit aux changements de structures. »
5. Je suis le moine bénédictin dont parle une circulaire de Dom Helder, citée par Marcos de Castro, dans *Dom Helder, o bispo da esperança*, p. 84. Pour des raisons de sécurité, à l'époque, Dom Helder ne cita pas mon nom. Dom José Maria Pires, sœur Maria Leticia Penido et moi-même, nous fûmes retenus dans la maison de Margarida Cerpa Coelho et Henrique Cassard, à Recife, le jour même où ce couple fut arrêté. Nous y restâmes sous la menace des armes des paramilitaires de 10 heures du matin jusqu'à 4 heures de l'après-midi, le samedi 27 avril 1973.
6. Dom Helder Camara, *Le désert est fertile*, pp. 11-14.

*Béni sois-Tu, Père,*
*pour la soif*
*que Tu éveilles en nous ;*
*pour les plans audacieux*
*que Tu nous inspires ;*
*pour la flamme,*
*qui est Toi-même*
*pétillant en nous…*

*Qu'importe*
*que la soif demeure*
*pour une grande part inassouvie*
*(malheur aux rassasiés).*

*Qu'importe*
*que les plans*
*restent plutôt dans le désir*
*que dans la réalité.*

*Qui mieux que Toi*
*sait que le succès*
*ne dépend pas de nous*
*et que Tu ne nous demandes*
*que le plus maximum d'abandon*
*et de bonne volonté*[1] *?…*

---

1. Dom Helder Camara, *Le désert est fertile*, p. 15.

# IX

## « L'Église n'est pas en marge de l'histoire »

« L'Église n'est pas en marge de l'histoire. Elle vit au cœur de l'histoire à travers ses laïcs libres, adultes et responsables. » (Discours de Dom Helder lors de sa prise de possession de l'archevêché de Recife[1].)

La mission d'une personne religieuse est d'être témoin de la présence divine dans le monde. Si Dieu existe, celui qui parle en Son nom agit pour que ce monde se transforme selon Son projet d'amour. La mission d'une Église chrétienne est essentiellement celle-ci : être témoin de l'amour divin pour le monde entier. Malheureusement, il arrive à l'Église quelque chose de semblable à l'histoire que l'on attribue à Søren Kierkegaard. Ce philosophe raconte l'histoire d'un homme, un Européen qui, au XVIIIᵉ siècle, voyageant en Orient, fit la connaissance d'une jeune Chinoise qu'il rencontra une seule fois. Ils se regardèrent et, aussitôt, brilla entre eux le feu de l'amour. Follement amoureux de cette petite Chinoise, il se sentit interpellé mais ils ne purent converser. Aucun ne connaissait la langue de l'autre et même les gestes étaient étrangers d'une culture à l'autre. De retour en Europe, il décida d'apprendre le chinois pour pouvoir communiquer avec celle qu'il aimait. Après de nombreuses difficultés, il trouva où apprendre le chinois. Il se plongea dans l'étude de la langue et se donna tant de mal qu'il devint un brillant sinologue, invité à donner des conférences dans le monde entier sur la langue et la culture chinoises. Ses études, ses voyages et ses engagements prirent une telle importance que, séduit par la culture et la langue chinoises, il oublia la jeune fille pour laquelle il avait appris le chinois.

Au début du christianisme, le mouvement de Jésus était constitué de disciples, hommes et femmes, qui vivaient pour témoigner du projet de Dieu pour le monde. À mesure que l'assemblée des disciples (en grec, Église) devenait plus nombreuse et acquérait pouvoir et prestige, elle s'institutionnalisa et se mit à penser qu'elle devait se consolider dans le monde en tant que religion qui a sa fin en elle-même. Pour atteindre ce but – se propager et se renforcer dans le monde entier – l'Église catholique et les autres Églises chrétiennes ont à diverses reprises accepté de légitimer des gouvernements injustes et de collaborer avec eux et avec un ordre social contraire à tout ce que propose l'évangile de Jésus.

## Une Église, des Églises

Dom Helder est né et a grandi dans ce type d'Église. Comme prêtre et ensuite comme évêque, il a été formé pour servir l'Église et c'est à cela qu'il a consacré sa jeunesse. Quand il était jeune prêtre, par obéissance à son évêque, il est entré au Parti intégraliste et a cherché à peser sur les structures nationales pour servir les causes de l'Église.

Je ne sais quand Dom Helder s'est rendu compte que l'Église catholique, institution qu'il aimait sincèrement (« Sans l'Église, je ne peux pas concevoir ma mission »), était profondément marquée par son passé colonial\* et que la hiérarchie avait toujours tendance à se placer avec le pouvoir, du côté des puissants, et à être de connivence avec eux. Dom Helder souffrait en pensant aux Noirs qui avaient été arrachés à l'Afrique pour le Brésil et baptisés de force par les aumôniers des navires négriers. Il souffrait en pensant au nombre immense d'Indiens massacrés au

---

\* L'Église catholique s'est implantée en Amérique latine avec les premiers missionnaires arrivés sur les bateaux des conquérants espagnols et portugais.

nom de Dieu, avec l'appui et la connivence de l'Église. Certes, il y a toujours eu des missionnaires qui ont défendu les Indiens et les Noirs, mais ils étaient peu nombreux. Est-ce que des crimes comme l'Inquisition, les croisades et la complicité avec l'esclavage des Noirs et des Indiens ont été des fautes de personnes individuelles (plus tard, le pape Jean-Paul II demandera pardon pour les fautes des « fils de l'Église ») ou les conséquences d'une théologie et d'une spiritualité en vigueur dans une Église qui se voit comme la religion véritable, la seule fondée par Dieu Lui-même ?

Je ne pense pas que Dom Helder ait fait une synthèse intellectuelle systématique sur ce sujet. Il était profondément marqué par l'éducation qu'il avait reçue et même si, sur de nombreux points, il avait réussi à aller au-delà de l'éducation du séminaire et des milieux ecclésiastiques, sa sensibilité affective et sa spiritualité faisaient qu'il avait toujours tendance à minimiser et à excuser ce dont il souffrait de la part du monde ecclésiastique. Déjà à la fin des années 1960, des théologiens latino-américains comme Leonardo Boff et d'autres enseignaient que Jésus de Nazareth n'avait pas fondé directement l'Église. Celle-ci a surgi, inspirée par le mouvement de Jésus et comme conséquence de Sa prophétie, mais bien après Sa mort et Sa résurrection. Et de quelle Église parlons-nous ? À l'époque des communautés de Paul (en 50-60), les Églises étaient des groupes prophétiques ou apocalyptiques de disciples du prophète Jésus de Nazareth, à l'intérieur des synagogues et, donc, de religion judaïque. Il n'y avait pas une Église au singulier mais une communion des Églises locales, chacune ayant son visage propre et son originalité d'organisation, de théologie et de culte. Plus tard, dans les années 80 du premier siècle, après la guerre de Rome contre les Juifs, les communautés chrétiennes se séparent des synagogues et commence le processus qui réussit à consolider le christianisme comme une religion à part et les Églises comme des entités différentes des synagogues. Celui qui, le premier, utilisa le terme d'« Église catholique » est Ignace d'Antioche, au début du IIe siècle. Dom Helder a grandi dans un milieu dans lequel le terme « Église » désignait toujours l'Église catholique et, presque toujours, seulement la hiérarchie ou même le seul Vatican. Plus par sa vie et son action que par sa théologie, il contribua à ce qu'on puisse comprendre l'Église non pas comme la hiérarchie mais comme peuple de Dieu et, concrètement, comme communauté locale.

## L'Église a besoin de se réformer

Dom Helder a été formé à croire que l'Église a été fondée par Jésus-Christ et qu'elle reçoit l'inspiration permanente de l'Esprit. Pour cela, comme Église, elle est pure et sans défauts. Cherchant toujours à lier foi et vie concrète, le Dom apprit très vite que sainteté et péché ne s'excluent pas. Dom Helder sentait cela intuitivement et en souffrait. Avec une totale honnêteté, il répétait toujours ce que, déjà en 1981, il avait exprimé dans une conférence à l'université catholique de Milan : « Nous savons tous, et elle-même le proclame dans une des prières eucharistiques, que l'Église est sainte et pécheresse. Elle est sainte par son divin fondateur Jésus-Christ et par l'Esprit saint qui L'accompagne sans cesse. Mais elle est livrée à notre faiblesse humaine. Elle a besoin constamment de se réformer et de se convertir[2]. »

Dès les années 1950, Dom Helder fut convaincu que l'Église catholique avait besoin d'une réforme très profonde. Pour lui, une telle réforme devait atteindre les bases et elle n'aurait d'effet que si elle partait de tout le peuple de Dieu. Mais pour qu'une telle révolution soit possible, il était nécessaire de travailler préalablement à la formation intellectuelle, humaine et théologique, ainsi qu'à la sensibilité et à la spiritualité des pasteurs. Il considéra qu'il était urgent que les évêques conçoivent « une action pastorale avec un objectif, une méthodologie claire, et intégrée dans un ensemble ».

Pour beaucoup, ce raisonnement ressemble à du chinois. Pourtant, avec son optimisme spirituel, le Dom ne perd pas courage. En 1950, le père Helder ose le proposer au nonce, avant d'aller à Rome, au Vatican, évoquer la possibilité d'un organisme de formation et d'organisation des évêques du Brésil. Pendant deux ans, il se bat pour être compris. En 1952, il est nommé évêque

..................
l est totalement..................
.
..............
il est..................
u tout,elle est..............
........
..................
ourd'hui,ils sont..................
re,il est plutôt..............
aintenant,nous avons un froid......
a.............
.
.
est..............comme une tige.
,tu parais..............
gare n'est pas naturelle,elle est

auxiliaire de Rio de Janeiro et réussit à fonder la Conférence nationale des évêques du Brésil (CNBB), première expérience de ce type dans le monde. Cela ne lui suffit pas. Avec son ami Manuel Larrain, évêque de Talca, au Chili, il fonde le Conseil épiscopal latino-américain (CELAM). Il propose que l'Église sorte des temples et prenne sa place dans les grandes causes du peuple. Qui, dans les années 1950, pouvait imaginer un évêque catholique prêchant en chaire sur l'urgence d'une réforme agraire comme mesure de justice élémentaire vis-à-vis des populations de l'intérieur ? Peu de gens ont compris en voyant un évêque catholique de Rio de Janeiro devenir ami de l'économiste Celso Furtado et organiser la formation de la Superintendance de développement du Nordeste (SUDENE), pour stimuler le développement de la région la plus pauvre du Brésil.

Un qui n'a ni compris ni accepté, ce fut Dom Jaime Camara, cardinal de Rio de Janeiro, dont le Dom était évêque auxiliaire. Le cardinal n'était pas d'accord avec de nombreuses initiatives de son auxiliaire et s'étonnait qu'il s'entourât toujours de laïcs auxquels il confiait des tâches importantes que lui, le cardinal, ne partageait avec personne. Il ne pouvait pas comprendre pourquoi son auxiliaire pensait que les évêques devraient toujours apprendre... Un jour, il lui dit clairement : « La fonction des évêques est d'enseigner et non de retourner sur les bancs de l'école. » Dom Helder obtint que le cardinal fût élu par les évêques comme président de la CNBB et qu'ainsi, il fût engagé dans les nouveaux chantiers proposés. Pour le Dom, l'important était que la hiérarchie de l'Église changeât de côté. « Pourquoi nous, les évêques, sommes-nous toujours vus sur les estrades auprès des autorités politiques et militaires, et pas avec les pauvres qui essaient de se libérer ? Pourquoi, quand on voit un prêtre entrer dans une usine, tous pensent aussitôt qu'il va rencontrer le patron et jamais les ouvriers ? »

## Péché et conversion

Il ne suffit pas de reconnaître que l'Église est sainte et, en même temps, pécheresse. Reconnaître le péché exige le courage de lutter pour le vaincre. Dans la communion avec les pauvres, le Dom percevait les conséquences terribles du colonialisme ancien et actuel. Et il souffrit beaucoup de constater que, presque toujours, les évêques et les prêtres étaient tentés d'être complices et de légitimer l'autoritarisme et le pouvoir oppresseur. Un de ses amis, Mgr Leônidas Proaño, évêque de Riobamba, pasteur et prophète des Indiens d'Équateur, sur son lit de mort, dans les années 1990, disait en pleurant : « Maintenant, je vois clairement comment l'Église, mon Église, est coupable de tant de souffrances et de tant de morts chez les peuples indigènes. »

Dom Helder aussi souffrit beaucoup de tout cela. Un jour – plus pour lui-même que pour les autres – il écrivit : « Tu penses, alors, que les défaillances de l'Église mèneront le Christ à l'abandonner ? Plus notre fragilité humaine atteindra l'Église – qui est à nous et à Lui – plus Il la soutiendra de Son appui, de Sa tendresse. Abandonner l'Église, ce serait la même chose qu'abandonner son propre Corps[3]... »

Je me rappelle que, en novembre 1976, nous avons célébré le troisième centenaire de la création du diocèse d'Olinda. Nous avons fait une célébration festive dans le palais des Sports. Dans le message pastoral donné ce jour au peuple, et principalement aux agents de pastorale qui travaillaient dans l'archidiocèse, le Dom dit : « Ici, comme dans toute l'Amérique latine, nous prêchons au peuple un christianisme excessivement passif. Nous demandons patience, obéissance, que les personnes acceptent leurs souffrances... Il se peut que ce soit de la vertu, mais de la manière et dans le contexte dans lequel ces valeurs ont été présentées, elles ont contribué à opprimer notre peuple[4]. »

Beaucoup ont alors pensé que cette occasion de fête et de confraternité ne convenait pas pour faire ce type d'analyse. Mais c'était ce qu'il avait dans le cœur. À cause de cette sensibilité, le Dom était difficilement compris par certains évêques et certains prêtres. Dans l'épiscopat brésilien, il avait de grands amis, mais il y avait aussi des personnes qui ne pouvaient pas le voir. C'est pour cela que, au début des années 1960, quand le pape Jean XXIII convoqua un nouveau concile œcuménique pour renouveler l'Église, le Dom vibra et, spontanément, consacra toutes ses forces au concile. Il était l'un des plus de trois mille évêques réunis à Rome pour le concile, mais tous, même ceux qui n'étaient pas d'accord avec lui, le connaissaient et le respectaient. Il est incroyable de constater qu'aujourd'hui, tous ceux qui étudient le concile Vatican II s'accordent à reconnaître que Dom Helder fut la personne qui, directement, a le plus contribué au succès du concile et à la réforme tant espérée de l'Église catholique. Pourtant il ne prit jamais la parole en assemblée plénière. Son rôle fut d'organiser et de faire en sorte que les groupes d'évêques proposent les nécessaires changements. En dehors de l'enceinte conciliaire, il réunit beaucoup d'évêques du monde entier qui signèrent ce qu'on appelle le « pacte des Catacombes », un document dans lequel ces évêques, conduits par lui, s'engageaient à renoncer à tout type de richesse, de pouvoir ostentatoire, à être traités comme des « princes de l'Église », et promettaient de se consacrer avec la plus grande ténacité au service des plus pauvres.

Au Vatican, il était bien connu du pape Paul VI. Quand, dans les années 1950, Dom Helder, évêque auxiliaire de Rio de Janeiro, allait à Rome pour organiser la fondation de la CNBB, Montini était Monseigneur* et travaillait à la secrétairerie d'État, et tous deux étaient amis. Ils sortaient souvent ensemble pour déjeuner et parler de façon plus informelle. Mgr Montini aimait servir la messe de Dom Helder (à l'époque, il n'était pas permis à deux prêtres de concélébrer, c'est-à-dire de célébrer ensemble la même messe). Cependant, dès que Montini devint pape, des forces occultes éloignèrent les deux amis. Paul VI recevait toujours Dom Helder avec des marques d'amitié et d'estime, mais jamais il ne lui accorda le soutien réel qu'il méritait. Beaucoup s'attendaient à ce que le pape le crée cardinal. Selon la vision romaine, si quelqu'un le méritait, c'était lui. Plusieurs autres évêques du Brésil furent nommés. Chaque fois qu'on annonçait une nomination de cardinaux, beaucoup de gens dans le monde s'étonnaient de ne pas voir le nom du Dom. Il ne fit jamais de

---

* Prélat de sa Sainteté, dignité conférée à certains prêtres qu'on appelle « Monseigneur », mais qui ne sont pas évêques.

commentaires. Mais Dieu a Ses plans. Cardinal est une charge de l'Église de Rome. Les cardinaux sont des évêques ou des prêtres qui ont un titre d'une des églises « cardinales » (périphériques) de la ville de Rome. En plus de constituer une sorte de conseil du pape, quand le pape meurt, ils sont les électeurs du nouveau pape. Le concile a proposé que le pape exerce toujours sa fonction en collégialité avec l'ensemble des évêques et pas seulement des cardinaux. Ils ont proposé le Synode des évêques comme représentant des épiscopats du monde entier. La curie romaine a obtenu que les synodes aient seulement une fonction consultative et non délibérative. Pour n'avoir jamais été nommé cardinal, Dom Helder est resté davantage lié à son Église locale et à sa vision d'une Église moins centralisée et plus simple.

Au Brésil, Dom José Ângelo, évêque de Pouso Alegre, mena une campagne nationale auprès des évêques accusant le Dom d'être communiste et de vouloir mettre l'Église au service des communistes. Résultat : aux élections pour la présidence et les charges électives de la CNBB en 1964, Dom Helder perdit sa responsabilité de secrétaire et ne fut jamais plus élu pour une quelconque charge nationale qui dépendît des votes des évêques ses collègues.

Il assuma cela tout naturellement et continua à travailler de la même manière, de toutes ses forces. Mais, comme toujours, il commençait par faire lui-même ce qu'il proposait.

Recife fut le premier diocèse du monde à avoir un « gouvernement collégial ». Pour le père et théologien Joseph Comblin, la base de ce changement fut que Dom Helder ne se montra jamais autoritaire. Il accepta toujours la discussion. Il respectait ceux qui n'étaient pas d'accord avec sa ligne. Souvent, il céda, même quand il n'aurait pas dû céder à ce qu'il appelait son « gouvernement collégial », l'assemblée de vicaires épiscopaux[5].

L'archidiocèse avait six vicaires épiscopaux, chacun en charge d'un secteur pastoral (Apostolat des laïcs, Religieux et Religieuses, Pastorale universitaire, secteurs pastoraux de la périphérie, le secrétariat de la Pastorale diocésaine et le chancelier de l'archidiocèse) qui, avec le vicaire général (c'était l'évêque auxiliaire), formaient le gouvernement collégial de l'archidiocèse auquel Dom Helder obéissait en tout.

Après le concile, au cours d'un entretien privé, Dom Helder proposa à Paul VI d'écrire une encyclique sur l'importance du développement et la manière dont l'Église devrait collaborer au développement des peuples. En 1967, Paul VI publia l'encyclique *Populorum progressio* (Sur le développement des peuples). Il y disait une phrase-synthèse de tout ce que lui avait dit son ami que, en plaisantant, il appellera une fois « mon évêque rouge » : « Le développement est le nouveau nom de la paix*. »

Un an après, à Medellín (Colombie), à la 2ᵉ Conférence générale de l'épiscopat latino-américain, des théologiens comme le père Joseph Comblin, Gustavo Gutierrez et beaucoup d'autres aidèrent les évêques d'Amérique latine à comprendre que le simple développement de ce qui n'est pas juste ne peut produire que plus injuste encore. Il n'avance à rien de développer ce qui n'est pas humain. Si ce système est injuste, nous ne devons pas le développer, mais seulement nous en libérer. Le tiers monde ne peut accepter le développement que les pays riches exportent pour mieux le dominer. Nous, Latino-Américains, nous ne voulons pas de ce modèle de développement, mais seulement la libération de toutes les sortes d'esclavage et d'injustice. Dom Helder s'engage totalement sur ce chemin et rompt avec la perspective de course effrénée au développement. C'est à lui qu'on doit la rédaction du fameux article 15 du document 5 (sur la jeunesse) : « Que se présente toujours plus clair en Amérique latine le visage d'une Église authentiquement pauvre, missionnaire et pascale, libérée de tout pouvoir temporel et courageusement engagée dans la libération de tout être humain et de toute l'humanité. » (Medellín, 5, 15a.)

Dans les années 1960 encore, Dom Helder écrivit au pape une lettre dans laquelle il proposait que, pour accomplir sa mission avec plus de liberté face aux puissants du monde, le pape redevienne plus spécifiquement l'évêque de Rome et le primat des Églises d'Occident. Qu'il retourne habiter au palais du Latran, ancienne résidence du pape à Rome. Qu'il renonce à être chef d'État et cède le Vatican pour en faire un musée international.

---

* Dom Helder reprenait volontiers cette formule du cardinal Feltin.

Qu'il mette fin aux nonciatures (le pape ne doit pas avoir de diplomates auprès des gouvernements des pays) et qu'il communique avec les pays par le biais des évêques locaux.

Le Dom ne reçut jamais de réponse du pape, mais une confirmation que la lettre était arrivée. C'était une lettre officielle du cardinal Villot, secrétaire d'État, qui disait : « Excellence, le Saint-Père a reçu votre lettre et vous remercie de votre collaboration, mais Votre Excellence doit comprendre que nous ne vivons plus aux temps de l'Évangile. »

Le Dom fut attristé par cette réponse. Aux niveaux social et politique, il était très libre et critique, mais toujours prêt à respecter toute parole venant de Rome comme venant de Dieu. Jamais, jusqu'à la fin de sa vie, il n'a réussi à dépasser cette vision. Il était toujours prophète pour dire ce qu'il pensait, mais n'aurait jamais accepté ce qu'il considérait comme une désobéissance. Assurément, pour cette raison et avec cette compréhension théologique, il lui fut très difficile d'être le prophète qu'il a toujours été.

## L'ouverture aux autres Églises et aux autres religions

Depuis l'époque du concile, le Dom insistait pour ouvrir l'Église catholique aux autres Églises ainsi qu'au dialogue et à la coopération avec les autres religions. Dès le milieu des années 1960, des villes comme Curitiba et Rio de Janeiro avaient un centre œcuménique, avec des initiatives excellentes et pionnières qui ont fonctionné durant des années jusqu'à l'arrivée du grand hiver ecclésial de la fin des années 1970. Pourtant, je ne sais pas si, en 1966, un diocèse brésilien autre que Recife avait organisé un secrétariat œcuménique auquel l'archevêque donnait beaucoup d'importance et qu'il consultait pour beaucoup de ses travaux. Ce fut avec lui que, sur l'œcuménisme, j'ai appris deux choses qui, aujourd'hui, paraissent évidentes, mais que, à l'époque, lui seul m'a apprises.

1. L'important de l'œcuménisme n'est pas l'unité des Églises en elles-mêmes, mais cette recherche de l'unité est pour servir le peuple. Dès lors, l'œcuménisme véritable n'existe que

dans l'union pour servir... Et Dom Helder rend œcuméniques tous les services que l'archidiocèse réalise avec les pauvres. Chaque fois que, à Recife, il y a une inondation et qu'il y a des personnes sans abri – et il y en a toujours beaucoup –, immédiatement se forme une commission qui ne se nomme pas ainsi, mais qui est réellement macro-œcuménique parce qu'elle réunit des pasteurs des diverses Églises et des représentants de diverses religions pour organiser la solidarité et le service des pauvres.

2. Dom Helder mettait en valeur les pasteurs et le dialogue avec les ministres, mais me disait toujours que l'unité n'existerait qu'à partir de la base. Jamais il ne s'arrêtait à des discussions académiques et il n'accordait pas beaucoup d'importance aux dialogues officiels. Il donnait la priorité à des visites et à des contacts avec des personnes simples des autres Églises et des autres religions. Je sais que ses premiers contacts avec les protestants se firent pour aider les familles de jeunes disparus. Dans mon roman *A Festa do Pastor* (« La Fête du pasteur »), je raconte un fait qui s'est produit à Recife. Quand le fils d'un pasteur pentecôtiste, un étudiant appartenant à un parti de gauche, disparut, victime de la dictature, Dom Helder téléphona chez le pasteur, se proposant de rendre visite à la famille et de lui offrir son appui et ses services. Il dénonça aussitôt le cas dans la presse internationale. Cela lui apporta la sympathie d'un pasteur jusqu'alors très hostile aux prêtres et à l'Église catholique.

Une fois, à la fin des années 1960, il y eut un centenaire important dans une Église protestante de la ville : c'était celui d'une paroisse fondée par des missionnaires nord-américains et dirigée par un jeune pasteur brésilien du sud. J'eus connaissance de la fête et je proposai à Dom Helder de faire une visite ou d'écrire un message à la communauté. Comme, ce dimanche-là, il devait être en voyage, il me demanda de le représenter au culte protestant et de remettre son message au pasteur.

Le dimanche, à l'heure dite, à la porte du temple, j'étais reçu par les diacres et placé, parmi les invités, au premier rang. Le pasteur commença en disant qu'il s'agissait d'un culte d'action de grâces parce que son Église avait rompu avec l'idolâtrie catholique et réussi à ramener à Dieu beaucoup de personnes auparavant abusées par la doctrine papiste. Durant deux heures, ce ne furent qu'attaques contre l'Église catholique, exprimées dans un sermon du pasteur très agressif contre le pape, les évêques et les prêtres catholiques. Aucune allusion au message que Dom Helder avait adressé au pasteur lui-même et à la communauté. À la fin, le pasteur invita les fidèles à chanter *Castelo Forte* (Château fort), tandis que, symboliquement, il clouait à la porte principale du temple les quatre-vingt-quinze thèses que Luther avait clouées devant la cathédrale de Wittenberg. De ma place, je suivis tout sans broncher. À la fin, je pris poliment congé du pasteur et de ses auxiliaires, et je rentrai chez moi.

Une semaine plus tard, un mercredi matin, je rencontrai le Dom. Il me demanda comment s'était passé le culte et quelle avait été mon expérience dans cette Église. À contrecœur, je racontai ce qui s'était passé et lui fis part de mon appréciation personnelle : j'avais été naïf de proposer à l'archevêque d'être présent ou d'envoyer un message. À ma surprise, il ne fut pas d'accord :

— Au contraire, c'est très bien que j'aie envoyé un message et que tu y sois allé et te sois comporté ainsi, avec humilité.

Je ne compris pas et demandai pourquoi. Sans hésiter, il me répondit :

— Combien de fois notre Église a-t-elle condamné et massacré ces personnes ? Ce pasteur a des raisons pour être révolté. Si je ne me trompe, il est de ces protestants – à l'époque, il n'était pas encore pasteur – qui ont perdu leur emploi parce qu'un de mes prédécesseurs – Dom Antônio de Almeida Moraes Junior – a insisté auprès des patrons de l'usine pour demander de renvoyer de l'entreprise les travailleurs protestants. Je n'ai appris cela que ces derniers jours, autrement j'aurais inclus dans ma lettre une demande expresse de pardon pour cette injustice et je me serais proposé pour essayer de réparer ce mal.

Je ne savais que répondre.

Il conclut :

— Si nous voulons travailler pour l'unité, nous allons devoir supporter qu'on nous jette au visage ce que, dans un passé lointain ou même récent, nous, catholiques, avons fait d'arrogant, d'injuste et d'anti-évangélique. Être humble et accepter cette situation fait partie de la vocation œcuménique. Ne laisse pas tomber la prophétie !

## Choisir d'être fidèle à ce qu'on croit

Je pourrais raconter beaucoup de choses sur l'héritage de Dom Helder pour qui veut vivre l'Église au service du peuple. Dans ce contexte, je prends la liberté de raconter une expérience que j'ai vécue avec lui davantage au plan personnel comme moine et sur ma décision de rester au monastère.

En octobre 1969, Dom Helder m'ordonna prêtre dans l'église abbatiale du monastère d'Olinda. De temps en temps, l'abbé l'invitait pour prêcher aux moines, et il leur proposait toujours une vie monastique plus insérée dans l'Église locale et plus solidaire des plus pauvres.

L'épisode que je raconte ici remonte à un mercredi de juillet 1971. Il pleuvait à torrents à 8 heures du matin, quand je frappai à sa porte. Comme toujours, il vint ouvrir lui-même. Le parapluie n'était pas fait pour deux, et je vis qu'il se mouillait. Pour quelle raison venir ouvrir la porte avec un tel déluge ? Peut-être me répondrait-il que ce pourrait être un pauvre et qu'il ne voudrait pas perdre le privilège de l'accueillir personnellement. Ce jour-là, le pauvre, c'était moi. J'étais assez découragé. J'étais entré au monastère d'Olinda en 1962 avec l'espoir que la communauté allait se renouveler et s'ouvrir au monde. L'abbé était un homme profondément bon et respectueux de ma vocation de service des plus pauvres et d'ouverture œcuménique au monde. Je n'avais de difficulté particulière avec aucun frère. Je les aimais tous, mais je me demandais si cette vocation d'ouverture et de renouveau n'était pas plus la mienne que celle de la communauté des moines. Les choses étant ainsi, je me demandais alors s'il fallait persévérer et rester au monastère ? Je vins donc en parler avec le Dom. En plus, ou peut-être était-ce la source de ma crise, j'étais plus ou moins amoureux et la fille en question ne me boudait pas. Dans ces conditions, comment être moine ?

Le Dom m'accueillit et, en marchant tous les deux avec un seul parapluie, il me demanda si je connaissais Serafim. Encore dans le jardin, arrivant à la porte de la maison, il me montra un nid dans un arbre plaqué au mur. Il murmura comme un enfant qui jouerait à se cacher :

— Parlons doucement pour ne pas lui faire peur. Aujourd'hui, Serafim n'est pas sorti. Je l'ai vu hier soir, quand il est rentré. J'ai laissé là une goyave qu'il a mangée. Ce matin, même avec une autre goyave, il n'a pas voulu sortir. Serait-ce à cause de la pluie ou parce qu'il est malade ? J'espère que sœur pluie ne lui a pas fait de mal.

Il me conduisit à la table et, comme s'il disait quelque chose de très naturel ou de moindre importance que son souci avec Serafim, il me confia :

— Cette nuit, quelqu'un a tiré sur la porte. Tu peux voir les trous de balle. Ils semblent faits à l'arme lourde. Ils pensent m'intimider avec ça. J'ai très peur pour le pauvre compère Zeca qui, parfois, boit et arrive au milieu de la nuit pour dormir sous le porche (quand je le vois, je le fais entrer). Ici, il dort sur un matelas avec un drap, mais ne le raconte pas aux personnes d'ici parce qu'elles pensent que c'est dangereux pour moi. J'ai peur que ce genre d'attentat n'arrive une nuit où Zeca, ivre, dort à la porte. Que Dieu ne le permette pas ! Je sens que, quand on rencontre le plus de difficultés pour remplir sa mission, on reçoit aussi plus de force. Plus on rencontre de difficultés, plus la force intérieure jaillit du choix d'être fidèle à ce qu'on croit.

Je ne pouvais pas ne pas appliquer cela à ce que j'étais en train de vivre personnellement.

Je confessai :

— Au monastère, j'éprouve aussi des difficultés. Parfois, je me sens très différent des autres moines.

Il rit et rappela ce qu'il disait toujours à ces moments-là :

— Une hirondelle ne fait pas seule le printemps, mais elle l'annonce… C'est le signe que sa petite prophétie tient. Ne la laisse pas tomber.

À cet instant, j'épanchai tout ce que j'avais sur le cœur. Je parlai de la fille dont j'étais amoureux, je dis combien c'était beau quand, de temps à autre, nous allions main dans la main jusqu'à la barrière de corail d'Olinda regarder les lumières de la ville. Il écouta sans sourciller. Pendant que je parlais, le téléphone sonna et il ne répondit pas.

— Souvent, dans la vie, tu vas passer par là. L'amour est une chose merveilleuse et tu n'as pas voulu le refouler. Écoute ton cœur et décide. N'exige rien de toi maintenant. Donne-toi un temps pour décider. Prends seulement soin de ne te servir ni d'elle ni de personne pour ta recherche personnelle. Elle a son mystère et ne peut être prisonnière de ta décision quelle qu'elle soit. Prends soin de ne pas la blesser... Je le redis : être amoureux, ça t'arrivera souvent dans la vie. Et tu seras plus fidèle à Dieu si, chaque fois, tu le prends au sérieux et tu vois où la passion te mène. Sans jamais faire de l'autre personne un objet de ta recherche ou de ton désir... La complémentarité homme-femme est fondamentale et il te faudra répondre soit au niveau d'une relation amoureuse, soit de la complémentarité d'une amitié extraordinaire, mais fraternelle. Cette relation d'amitié spéciale, tu pourras la vivre comme moine. Mais il est indispensable de voir ce que tu veux le plus profondément...

La conversation arrivait à son terme et je me vis en train de dire, presque sans y penser :

— J'aimerais avoir cette vision confiante et capable de découvrir un commencement de résurrection au milieu des choses négatives.

Il se leva et, en me conduisant à la porte, me donna ce que je considère comme un élément important de son héritage pour moi-même et pour d'autres :

— L'espérance en la victoire et la confiance pour persévérer sur le chemin ne pourront jamais venir sans une analyse de la réalité. Elle vient de notre foi en l'amour divin présent dans le monde et agissant dans les personnes.

J'insistai :

— Que me conseillez-vous pour mieux voir ?

Il s'arrêta et, après un moment de réflexion, me dit :

— Il est important de lire l'histoire à partir des petits, par l'opposé de ce dont la société officielle tient compte. Et d'utiliser, comme instrument d'interprétation, un grand amour pour les derniers. Les pauvres ne sont pas meilleurs que les autres mais, si Dieu existe, une pauvreté injuste ne doit pas exister … C'est pourquoi l'Église, si elle veut témoigner de l'amour divin, doit s'engager dans la lutte contre la pauvreté injuste. Cette lutte doit être pacifique et non violente, et vécue à partir de l'insertion et en donnant leur responsabilité aux pauvres. Connais-tu cette chanson : « Je crois que le monde sera meilleur quand le plus petit qui souffre croira au plus petit » ?

◆

Inspirés par Dom Helder, beaucoup de chrétiens et de chrétiennes, de religieux et de religieuses, de missionnaires et de laïcs hommes et femmes ont découvert le chemin spirituel de la solidarité avec les plus pauvres comme moyen de suivre Jésus-Christ dans Sa manière de vivre le témoignage du royaume et Son amour du Père. Le théologien salvadorien Jon Sobriño écrit : « Ressembler à Jésus, c'est reproduire la structure fondamentale de Sa vie. C'est endosser la mission et le comportement de Jésus, en vivant comme Lui la miséricorde envers les autres comme principe permanent et structurant de la vie, et en acceptant de porter sur soi le péché du monde. »

Dom Helder a vécu cela et nous appelle à découvrir comment le vivre aujourd'hui. Auprès de quelqu'un qui l'appelait « notre prophète », il protestait :

« Je pense qu'on emploie avec beaucoup d'exagération ce mot de "prophète", comme si seulement un petit nombre de personnes recevaient du Seigneur la responsabilité de le porter. Alors que nous tous, dans l'Église, nous avons une mission prophétique. L'Église tout entière est appelée à être prophétique, c'est-à-dire à annoncer la parole du Seigneur, et, aussi à prêter sa voix aux sans-voix, à faire exactement ce que le Christ, en lisant Isaïe, proclama être Sa mission à Lui : "L'Esprit du Seigneur est sur moi. Il m'a envoyé pour porter la bonne nouvelle aux pauvres, pour ouvrir les yeux, pour libérer…" C'est toujours la mission de l'Église[6]. »

1. Dom Helder Camara, *Utopias peregrinas*, Recife, Universitária UFPE, 1993, p. 15 ss.
2. Hazard Marie-Jo, *Prier 15 jours avec Dom Helder Camara*, p. 31.
3. Dom Helder Camara, *Le désert est fertile*, p. 90.
4. *Id.*, *Utopias peregrinas*, p. 46.
5. Richard Marin, *Dom Helder Camara, les puissants et les pauvres*, Éd. de l'Atelier, 1995, p. 154.
6. Dom Helder Camara, *L'Évangile avec Dom Helder,* p. 59.

## Invocation à Lazare

*Pour l'amour que j'ai pour les riches*
*– que je ne dois pas juger –*
*– que je ne peux pas juger –*
*– et qui ont coûté le sang du Christ –*
*je te demande, Lazare,*
*ne reste pas dans l'escalier*
*et ne te laisse pas chasser…*
*Fais irruption dans le banquet*
*Va provoquer des nausées*
*chez les convives rassasiés,*
*Va leur présenter le visage défiguré du Christ*
*Dont ils ont tant besoin*
*sans savoir et sans croire[1]…*

## L'accordeur

*J'admire et presque j'envie,*
*non tellement*
*une oreille privilégiée*
*qui capte chaque note*
*et sent en chacune d'elles*
*le moindre son faux…*
*J'admire et presque j'envie*
*la finesse avec laquelle*
*tu conduis*
*les notes dissonantes*
*à s'harmoniser de nouveau[2].*

---

1. Dom Helder Camara, *Mil razões para viver*, p. 75.
2. *Id.*, *Le désert est fertile*, p. 90.

# X

## « L'artiste participe
## au pouvoir créateur de Dieu »

« L'artiste ne peut être mesuré selon les modèles communs :
il participe encore plus clairement au pouvoir créateur de Dieu.
Tout, dans l'artiste homme ou femme, est imprévu, original. Il
réagit contre l'enrégimentement, la monotonie, la routine.

« L'artiste est d'habitude ouvert aux valeurs humaines, à la
justice, à la liberté. Pour lui, le climat de la dictature est irrespi-
rable.

« Doté d'antennes extrêmement sensibles, il pressent l'avenir. Il parle (chacun dans son langage propre : poésie, théâtre,
cinéma, peinture, sculpture, musique…) au nom de ceux qui ne
savent pas ou ne peuvent pas parler.

« Comme par définition, les artistes, hommes et femmes,
presque appartiennent aux minorités abrahamiques[1]… »

Durant toute sa vie, Dom Helder a montré une prédilection
pour les artistes. Il s'est toujours entouré de nombreuses femmes et de quelques hommes dont il admirait le talent en poésie,
en littérature, en chant et toute autre forme d'art.

Sœur Agostinha Vieira de Mello, qui fut une des disciples du
Dom dès la fin des années 1940, quand on l'appelait encore « le
petit père », me raconta que, à Rio de Janeiro, encore simple
prêtre, il avait deux groupes. L'un était plus lié à la recherche

spirituelle et l'autre se réunissait davantage autour de l'art. Le petit père rassemblait surtout des jeunes filles et des femmes des classes moyennes de Rio, chaque mardi dans un « mardi de l'art » qui commençait par une analyse de la réalité ; ensuite, quelqu'un récitait un poème ou parlait d'une œuvre d'art ; et pour finir, le « petit père » commentait, et on clôturait en partageant un repas.

## L'art et l'ouverture au rêve

La relation du Dom avec les arts commença très tôt, parce que l'art lui a permis une chose difficile dans l'Église : s'ouvrir au rêve. Quand, à Recife, le Dom commença à organiser les « nuitées », au cours desquelles il accueillait, aux Manguinhos, des artistes et des jeunes, il y eut des critiques et il dut se défendre : « Perte de temps ? Snobisme ? Dilettantisme ? Impardonnable dans une région sous-développée, avec des problèmes terribles à affronter ? (…) Malheur au pays qui n'a plus de poètes et où la poésie cesse d'être aimée, écoutée, discutée ! Cela me réjouit de voir un groupe sérieux, discutant de problèmes clairs, assoiffés de beauté. On s'aperçoit soudain que la pendule sonne minuit. Et on ne s'arrête même pas au moment des sorbets. Tous se sentent chez eux. N'est-ce pas la maison de l'évêque (c'est-à-dire du père, du frère) ? N'est-ce pas la maison du petit évêque[2] ? »

L'art que, je pense, le Dom a développé en premier fut la communication orale et écrite. Il avait plaisir à communiquer avec le peuple. Dès sa jeunesse, il a entretenu avec la presse une relation toujours très proche. Il n'a cessé de publier des articles dans les journaux que quand cela lui fut interdit par la dictature militaire. Dans les veilles de chaque aube, où il écrivait sous forme de circulaires au groupe de ses ami(e)s et collaborateurs, il y avait toujours des poésies. Tous ces poèmes ont donné plusieurs livres. Et il en reste encore beaucoup à publier. À la fin de sa vie, il s'associa avec un musicien suisse, le père Kaeling, pour composer un oratorio : la *Symphonie des Deux Mondes*. Un peu plus tard, c'est avec le grand chorégraphe et maître de ballet Maurice Béjart qu'il créa la *Messe pour le temps futur*, qu'il a présentée en de nombreux lieux d'Europe et d'Amérique. Il aimait dire que son art avait comme inspiration fondamentale l'artiste suprême qu'est Dieu et comme but la réalisation de l'œuvre la plus parfaite jamais réalisée par un artiste : la construction de la paix dans ce monde. Cela ne voulait pas dire que l'art devrait être une camisole de force ou du simple didactisme au service d'une cause : « L'essentiel est que l'artiste soit, réellement, un artiste. Qu'il ne donne pas l'impression de défendre une thèse, ce qui ferait dégénérer son œuvre. Que le message qu'il transmet soit chair de sa chair et sang de son sang[3]… »

## *L'art et la foi*

Dom Helder était fasciné par les artistes. Dès son arrivée à Recife, il chercha à s'entourer de peintres, de chanteurs, de gens de théâtre. Il lui arriva même d'inviter l'un ou l'autre à participer à son travail dans les organismes d'éducation populaire. Dans les premières années où il était archevêque, chaque semaine, il invitait des artistes pour parler et, parfois même, pour présenter leurs pièces et leurs créations dans le salon des Manguinhos à un groupe d'intellectuels et d'amis que le Dom réunissait le soir chez lui pour parler. Dans ces soirées du Dom, Ariano Suassuna présenta des pièces comme *A Farsa da Boa Preguiça* (La Farce de la bonne paresse) et, plus tard, *Uma mulher vestida de sol* (Une femme vêtue de soleil).

Dans une de ses veilles, à l'époque du concile, il écrivit : « L'homme qui n'a pas la musique au cœur est-il un traître ?… Je dirais que c'est un malheureux, parce que je n'ose pas dire que tout au plus il sera une victime de la trahison. Ou bien serait-ce que Dieu a mis la musique dans l'âme de tous ? Dans ce cas, est-ce trahir le Créateur de ne pas l'éveiller en nous[4] ? » (Rome, 2-3 mars 1964.)

Certains artistes qui passaient par Recife le rencontraient. En 1967, Glauce Rocha, actrice récompensée dans plusieurs festivals cette année-là, vint à Recife présenter le film de Gláuber : *Terra em Transe* (Terre en transe). Elle rencontra Dom Helder et même, lors d'une des soirées artistiques aux Manguinhos, elle donna une causerie sur la diction et la théâtralité dans la liturgie.

Au début, peu de gens comprenaient comment l'archevêque pouvait accueillir, à l'archevêché, un bloc* de carnaval et essayer quelques pas de *frevo* avec les fêtards. Il est certain que le Dom préférait les petits blocs de la périphérie à ceux qui étaient déjà consacrés et célèbres. Quand il passait dans un quartier et qu'il entendait le bruit des instruments de musique et de la troupe essayant les pas, il frappait à la porte du club pour dire bonjour et témoigner sa sympathie pour cette manifestation artistique.

Au milieu des années 1960, la télévision montrait des festivals de musique populaire brésilienne. C'était le temps des festivals de la *Record***, qui ont lancé des artistes dont les noms sont, aujourd'hui encore, à la pointe du succès. Je me rappelle que Dom Helder ne renonça jamais à remplir un engagement pastoral, mais regrettait de manquer une représentation du festival. Il s'intéressait aux musiques et faisait ses commentaires quand il n'était pas d'accord avec le prix que le jury attribuait à telle ou telle musique. Je crois que, en 1969, le public voulait qu'on donne le prix à Geraldo Vandré pour sa belle *Pra não dizer que não falei de flores* (Pour ne pas dire que je n'ai pas parlé de fleurs). Le Brésil entier s'était mis à chanter : *Caminhando e cantando e seguindo a canção...* (Marchant, chantant et suivant la chanson...) parce que c'était une musique antimilitariste et critique de la dictature. Mais les jurés ont donné le prix à Chico Buarque et à Tom Jobim pour *Sabiá*, beaucoup plus intellectuelle et difficile à tomber dans le goût populaire. C'était une allégorie qui parlait du *sabiá* (oiseau du Brésil) et faisait allusion au vieux poème *Canção do Exilio* (Chanson d'exil) de Gonçalves Dias, pour chanter l'espérance de retour des militants politiques qui avaient dû quitter le Brésil et étaient exilés dans des pays latino-américains ou européens et même en Afrique. Chico chantait : *Vou voltar, sei que ainda vou voltar...* (Je vais revenir,

---

* Voir note p. 32.
** Chaîne de télévision brésilienne.

je sais que je vais encore revenir…). Il fut hué au moment de recevoir le prix parce que la foule des jeunes voulait voir récompenser Vandré. Le lendemain, Dom Helder faisait ses commentaires à la réunion de pastorale de l'archidiocèse : « La musique de Vandré est très belle et sympathique, mais *Sabiá* a mérité le prix. On aurait dû récompenser les deux. »

## L'art et l'engagement politique

En période de dictature, un des premiers domaines à souffrir de la répression et de la censure est justement celui des arts. Dans le Brésil des années 1960 et 1970, de nombreux artistes ont subi les persécutions des militaires à cause de la liberté de leur art. Cette répression dans le pays fut à son apogée à partir de 1968 et 1969. Plusieurs artistes durent s'exiler pour ne pas être arrêtés et même tués.

En 1968, avant d'être obligé de quitter le Brésil pour un temps en Italie, le chanteur Chico Buarque de Holanda donna un concert au palais des Sports de Recife. Au début du concert, un speaker présenta le chanteur et fit référence au gouverneur de l'État qui était présent. Le public répondit par le silence, malgré quelques huées qui montaient du fond du stade. Chico commença à chanter et à enchanter. Le public, qui connaissait plusieurs musiques, l'accompagnait en chantant avec lui. Lorsqu'il chanta *Apesar de você, amanhã pode ser outro dia* (Malgré vous, demain peut être un autre jour), tout le monde comprit qu'il faisait allusion au général Garrastazu Médici, directeur de service. Et tout le public chanta avec lui la parabole de la liberté. Tout à coup, entre deux chansons, Chico interpella le parterre : « Mes amis, j'ai la joie de voir au milieu de vous quelqu'un que j'admire immensément : Dom Helder Camara. » Le Dom se leva en ouvrant les bras pour saluer… Tout le peuple qui se trouvait dans le stade se leva et applaudit le Dom avec euphorie. D'où ils étaient, les gens se tournaient vers cette petite silhouette mince et fragile qui les embrassait avec tendresse. Un cri ininterrompu résonna : « Dom Helder ! Dom Helder !… » Le Dom se troubla et désigna Chico comme pour dire : « Continue le concert. »

Et non sans difficulté, l'artiste obéit et poursuivit son chant de paix.

Il est difficile d'imaginer Dom Helder, dans les années 1980, alors qu'il approchait de ses 80 ans, composant le texte et la partie artistique de la *Symphonie des Deux Mondes* que lui-même a présentée et déclamée dans plusieurs théâtres célèbres. Peu de gens l'ont compris mais, à travers ce spectacle, il essayait d'animer et de réunir les minorités abrahamiques qui existent, mais, comme il le disait, ont besoin d'être appelées et encouragées au travail : « Piano à quatre mains : je rêve de beaucoup plus, d'une musique à des milliers de mains, harmonie du monde entier… »

Dans sa « Feuille de route pour les minorités abrahamiques », il se demandait : « Que peut-on attendre des artistes engagés dans les minorités abrahamiques ? » Il tentait immédiatement une réponse.

« • Les poètes ont aidé à stigmatiser l'esclavage des Noirs : l'esclavage continue, poètes ! (…)

« • La musique populaire porte plus que les grands traités scientifiques, lourdement documentés. Ce que le peuple chante pénètre dans l'intelligence et dans l'imagination de celui qui chante et de celui qui écoute.

« • Le théâtre a été et restera une force puissante. Impossible de l'oublier pour le travail de conscientisation, surtout s'il est pensé, joué et discuté par le peuple.

« • Le cinéma n'a pas de rival pour l'impact sur les masses, grâce à l'image. Des films documentaires, bien conçus et bien réalisé, peuvent avoir une force immense.

« • Les humoristes disposent d'un instrument subtil et efficace. Il y a des situations où il ne reste pratiquement de place que pour l'humour, dont les oppresseurs n'arrivent souvent pas à percevoir les traits…

« On pourrait facilement continuer l'énumération. L'essentiel est que l'artiste soit, réellement, un artiste. Qu'il ne donne pas l'impression de défendre une thèse, ce qui ferait dégénérer son œuvre. Que le message qu'il transmet soit chair de sa chair et sang de son sang[5]. »

## L'émotion du cinéma

Qui me connaît sait que j'adore le cinéma et que, chaque fois que je peux, je vais voir un film. Ma plus grande joie fut de découvrir que Dom Helder aussi adorait le septième art. Il pouvait être mort de fatigue, s'il savait qu'il passait un bon film dans la ville, il ne le manquait pas. Comme il n'avait le temps d'aller qu'à la dernière séance, c'est-à-dire vers 21 h 30 ou 22 h, il n'était pas prudent de sortir seul du cinéma et de retourner chez lui à pied à minuit. Alors, chaque fois que je pouvais, il m'appelait et même me demandait : « Quand tu sais qu'il passe un bon film, préviens-moi. » Plusieurs fois, je lui ai téléphoné pour lui dire qu'il y avait un bon film. Il écoutait, regardait son agenda et ne trouvait pas de moment libre. Mais une fois ou l'autre, il me téléphonait :

— Je suis libre lundi à 21 h 30. Tu peux venir avec moi ?

Je me rappelle que nous avons vu ensemble *Zorba le Grec*, et c'était beau de voir le Dom ému aux larmes devant la vitalité spontanée de Zorba. Il riait et pleurait avec Melina Mercouri dans *Jamais le dimanche*, un film qui, revu aujourd'hui, me paraît moins important mais qui, à l'époque, nous toucha beaucoup. *Little Big Man*, avec l'histoire des Cheyennes nord-américains, nous faisait penser aux Indiens brésiliens et au génocide dont ils furent victimes. Avec *Les Souliers de saint Pierre*, il obtint que le Ciné São Luiz organise une séance spéciale, un samedi matin, exprès pour l'archevêque et les agents de pastorale. L'immense salle de cinéma fut remplie. Dom Helder fit une introduction et, à la fin, anima une brève discussion sur le film.

Je n'ai pas eu la joie de voir avec lui les classiques de Fellini auxquels, parfois, il faisait référence. Il commentait *La Strada* et *Les Nuits de Cabiria* comme des œuvres majeures de l'art humain qu'il situait au niveau de contemplation spirituelle. Je sais que, avec d'autres, il a vu *Le Dernier Tango à Paris* de Bernardo Bertolucci, sachant que, pour beaucoup, il s'agissait d'un film immoral qui devrait être interdit.

Après toutes ces années, j'observe qu'il ne semblait pas avoir de curiosité pour les films considérés comme « bibliques ». Il ne se souciait pas de voir les vieux films de Cecil B. De Mille ou même des films comme *Jésus de Nazareth*, de Franco Zeffirelli, le réalisateur de *Roméo et Juliette* que le Dom aimait tant. Je ne sais s'il a eu autant d'attrait pour *Frère Soleil, sœur Lune*, autre œuvre du même metteur en scène italien. Je sais qu'il a vu et apprécié *La Dernière Tentation du Christ*, de Martin Scorsese, film qui a soulevé beaucoup de polémique dans les milieux ecclésiaux.

◆

« Artiste » est un terme très large qui non seulement recouvre une infinité d'expressions artistiques (pas seulement sept comme l'imaginait la culture classique ou les neuf arts qui dépendaient des muses).

Guimarães Rosa disait que « vivre est très dangereux » ; et Dom Helder, que la vie personnelle bien vécue est l'art le plus profond et le plus créatif que l'être humain peut réaliser. C'est le but de la sagesse biblique : savourer la vie (« savoir » vient du mot « saveur »). La saveur de la vie s'acquiert, d'abord, avec l'expérience de vivre ensemble et de se connaître soi-même. Je ne sais si le Dom a eu accès au philosophe Emmanuel Levinas, mais je découvre dans le témoignage et dans les œuvres du Dom la même conviction profonde de celui qui fut un des plus grands philosophes du XXᵉ siècle : « C'est le sens de l'autre qui construit le moi personnel. C'est quand j'intériorise le souci de l'autre, au point que ma vie dépend de lui ou d'elle, que je peux être véritablement moi et être libre. »

Le premier art est alors d'assumer le moi intérieur et de le rendre pleinement capable d'aimer et de se donner. Apparaît alors l'art de contribuer à cette construction d'une humanité plus tendre et solidaire dans la pluralité des cultures et dans le respect de la touche personnelle de chaque être humain. Chaque personne a, au plus intime d'elle-même, une musique intérieure, elle peut découvrir et perfectionner sa danse sacrée, le rythme harmonieux que révèle son être, et le divin qui est notre essence. Là est la source de la beauté que nous pouvons développer dans les diverses expressions des arts humains.

1. Dom Helder Camara, *Le désert est fertile*, pp. 107-108.
2. Nelson Piletti et Walter Praxedes, *Dom Helder Camara, entre o poder e a profecia*, p. 310.
3. Dom Helder Camara, *Le désert est fertile*, pp. 109-110.
4. *Id.*, *Lettres conciliaires (1962-1965)*, pp. 432-433.
5. *Id.*, *Le désert est fertile*, pp. 108-110.

**Quelle punition prévoir**
*pour qui contredit un enfant*
*assuré d'avoir dans les mains*
*une baguette magique*
*certain de devenir invisible*
*après avoir prononcé*
*le mot magique abracadabra*
*Punition ? Y a-t-il châtiment plus grand*
*que de n'avoir pas le sens poétique,*
*de n'avoir pas d'imagination ?*

**Du sucre pour le petit cheval bleu**
*Lui, si agile*
*qu'il court à toute vitesse*
*sur la cime des montagnes ;*
*lui, aux ailes si fortes,*
*qu'il résiste aux vents violents*
*quand il galope dans les plus hauts nuages*
*pour contempler*
*des millions de millions d'étoiles,*
*il vient, simple et humble,*
*comme n'importe quel petit cheval*
*manger du sucre dans ma main…*

(Rome, 21-22 octobre 1963[1].)

**J'ai de la peine, Seigneur**
*J'ai une tendresse spéciale*
*pour les personnes très logiques*
*très pratiques, très réalistes*
*qui se fâchent contre celui qui croit*
*au petit cheval bleu[2]. »*

---

1. Dom Helder Camara, *Lettres conciliaires (1962-1965)*, p. 249.
2. Clelia Luro, *El mártir que no mataron : Helder Camara*, p. 131.

# XI

# « Comment peux-tu permettre la souffrance ? »

« Monte, en ayant toujours le cœur prêt à descendre... Parle, en restant désireux d'entendre, d'écouter, d'être attentif (...) Aime sans mesurer, sans calculer. L'amour qui exige l'amour, l'amour dosé, calculé, restreint, mesuré peut être tout, sauf l'amour. »

Souffrir est presque synonyme de vivre. Nous naissons quand nous sortons de l'utérus maternel et à ce moment déjà, nous pleurons. Nous apprenons à pleurer avant d'apprendre à jouer et à rire. Le poète Vinícius de Moraes chantait : « Tristesse n'a pas de fin. Bonheur, si. » Il est normal que celui qui croit en Dieu se demande pourquoi, dans ce monde, les gens souffrent tant. Ce n'est pas par hasard qu'une prière traditionnelle de la dévotion populaire catholique qualifie ce monde de « vallée de larmes ».

Il existe des souffrances naturelles ou provoquées par la nature. Aujourd'hui, nous pensons qu'elles se multiplient de manière non naturelle mais comme conséquence de l'action humaine qui détruit la nature en recherchant seulement le profit immédiat pour une minorité. Il est plus difficile de comprendre les souffrances naturelles qui se manifestent dans les personnes. Depuis que l'humanité existe, des gens naissent avec des déficiences physiques ou psychiques qui les font souffrir. Il y a des infirmités mystérieuses qui frappent enfants et adultes. Et sur ces maladies, beaucoup se demandent si elles sont naturelles quand, « par hasard », elles touchent plus les pauvres que les riches. Dom Helder est né dans une famille pauvre de Fortaleza et, pendant toute sa vie, il a rencontré beaucoup de souffrances. Un jour, il a exprimé sa prière dans un poème intitulé « Injustice ». Le poème-prière dit ceci : « Comment peux-Tu permettre que des millions de Tes enfants vivent en des conditions sous-humaines, conséquences de l'égoïsme et de l'ambition de quelques minorités injustes et dominatrices... Tu sais bien pourtant que Tes cataclysmes – les inondations et les sécheresses, les volcans, les ouragans, les tremblements de terre atteignent surtout les plus petits menant déjà une vie sous-humaine... Comme s'ils n'en avaient pas déjà assez avec l'écrasement qui résulte de la méchanceté et de la faiblesse humaine ! Comment expliquer ce qui vient de Toi[1] ? »

Pouvons-nous dire que celui qui est plus optimiste, pour cela même, souffre davantage quand les choses ne vont pas comme il l'espérait ? Dom Helder évitait de se plaindre mais très tôt, à cause de son originalité, il a beaucoup souffert du fait de ses adversaires politiques, mais aussi de frères dans la foi et dans le ministère ecclésial.

## La souffrance du monde et la bonté de Dieu

Il est un problème théologique et spirituel qui traverse toutes les époques de l'histoire. Dans les cultures et les religions les plus diverses, l'être humain essaie de répondre à cette question : si Dieu est bon et s'Il est puissant, pourquoi permet-Il la souffrance de celui qui est innocent ou juste ?

Avec sa sensibilité aiguë, Dom Helder s'affronta très jeune à cette question. Pour ce que j'en sais, à aucune étape de sa vie le Dom n'a pensé que la pauvreté ou l'injustice qui existent dans le monde étaient la volonté de Dieu. Très tôt, il a compris qu'on ne pouvait lier la souffrance sociale du peuple à la volonté divine. Souvent, dans ses écrits, il confie être traversé par cette question fondamentale pour la foi. Il l'exprimait de la même manière que les communautés judaïques à la fin de l'exil de Babylone et qui résulta dans un livre biblique comme celui de Job : « Comment parler de Dieu à partir de la souffrance de la personne innocente et juste ? » Au XXᵉ siècle, la communauté d'Israël a vécu cette question avec l'holocauste nazi : où était Dieu qui a laissé se produire si terrible injustice ?

Le Dom savait que, en Amérique latine, l'holocauste de peuples entiers a duré cinq cents ans et n'est pas encore terminé. Au temps de la colonisation, beaucoup d'indigènes se lamentaient : « Le dieu des dominateurs est plus fort et plus puissant que les nôtres. » Et en constatant cette supériorité du dieu des oppresseurs, ils se sentaient obligés de passer à la religion chrétienne comme religion des vainqueurs. Aux temps bibliques et même dans la tradition judaïque, les prophètes et prophétesses de la Bible réussirent à empêcher que les communautés judaïques, même opprimées par des empires comme l'égyptien, l'assyrien, le babylonien, le perse, le grec, le syrien ou le romain, tirent la même conclusion que les Indiens latino-américains. Ils ne se convertirent pas aux religions des oppresseurs et n'abandonnèrent pas le Dieu qui fut avec eux dans l'exil, comme l'a écrit le prophète Ézéchiel.

Cela n'a été possible que parce que les prophètes ont été capables de changer l'image de Dieu. Si la Bible avait continué à associer Dieu au pouvoir, les prophètes auraient dû admettre que le Dieu des vainqueurs était plus fort, et donc plus dieu. Au contraire, le peuple biblique a découvert un visage fragile de Dieu, se révélant dans le buisson ardent à Moïse et sur la croix de Jésus aux chrétiens. Dieu n'apparaît pas sur le trône de Son pouvoir, mais identifié à Israël esclave ou comme exilé avec Son peuple à Babylone. Les chrétiens contempleront Dieu, présent dans la personne de Jésus soumis à une mort honteuse. Dieu n'est pas un bourreau, Il n'est pas un spectateur passif de la souffrance de l'humanité. Il est le compagnon, la compagne qui s'incarne dans la personne ou la communauté souffrante.

Dom Helder n'a jamais élaboré cette théologie, mais il l'a vécue dans son action de solidarité, dans son message et dans sa vie personnelle. Très tôt, il s'est insurgé contre la tendance chrétienne traditionnelle à dire que les souffrances arrivent « par la volonté de Dieu ». « Face à l'oppression institutionnalisée et à un ordre social qui est un désordre responsable de la mort de tant de personnes innocentes, ne dites jamais que la réalité est ce qu'elle est parce que Dieu le veut. L'injustice et la souffrance des pauvres sont une insulte à Dieu. »

Le Dom se voulait solidaire de tous ceux qui souffraient par amour et parce qu'il ne pouvait pas vivre dans l'indifférence de ce que ses frères et ses sœurs vivaient. Il ne cherchait pas à expliquer la souffrance. Il pleurait avec celui qui pleurait et souffrait avec celui qui souffrait. Cependant, en agissant ainsi, par sa sensibilité humaine et sa capacité à se solidariser, il avait conscience de défendre Dieu, pour que le « Père du ciel », comme il l'appelait, ne continue pas à porter la faute des injustices humaines.

Une fois, j'entendis le Dom dire qu'il avait des amis très pauvres et des amis très riches. Il faisait la réflexion que les uns et les autres souffraient. La souffrance des pauvres est fruit des structures injustes du monde, mais ces structures provoquent aussi une réalité de souffrance chez les plus riches. Que de problèmes provoqués par le fait d'avoir trop, de vivre dans une société qui emprisonne par la consommation !

La structure même de la société injuste génère l'individualisme, l'égoïsme que le Dom considérait comme la base de toute paralysie humaine et sociale. Seuls, les riches ne pourront pas se libérer de cette structure qui les emprisonne. Sans sortir du cercle fermé de leur classe sociale, ils ne réussiront jamais à dépasser les problèmes que la culture de l'accumulation et de la consommation superflue provoque dans les relations familiales et affectives. Ils resteront toujours dépendants d'une société qui réduit l'être humain à produire et à consommer. Seuls les pauvres organisés, et avec l'appui et la collaboration de toutes les personnes insatisfaites et conscientes de la nécessité des changements, pourront libérer pauvres et riches en transformant les structures internationales du monde et en travaillant à la transformation intérieure de chaque personne.

*Souffrances du Dom pour des raisons politiques*

Il eut souvent à souffrir des incompréhensions et même des campagnes de persécution tant de la part du gouvernement militaire brésilien que, parfois, de frères dérangés par sa prophétie. Il parlait peu de ces souffrances personnelles, mais il les vivait intensément. Il ne fuyait pas et ne faisait rien pour les éviter. Simplement, il cherchait à vivre ces moments et ces situations dans la communion de l'Esprit.

La fin des années 1960 fut difficile pour le Dom. Il était interdit de citer son nom dans les médias brésiliens, et de nombreux journaux publiaient des articles le condamnant.

En 1969, il fut averti par un militaire ami que le général de brigade João Paul Burnier avait élaboré le plan de « jeter Dom Helder Camara d'un avion pour le tuer dans la mer », comme l'écrivit le journaliste Jânio de Freitas[2].

Pendant trois ou quatre ans, le Dom fut l'un des plus sérieux candidats au prix Nobel de la paix. Déjà en 1970, Jakob Sverdrup, consulteur du comité Nobel du Parlement norvégien, avait affirmé publiquement : « Pour l'évaluation des qualifications de Dom Helder Camara au prix Nobel de la paix, il faut considérer certains points : son message de non-violence dans l'Amérique latine d'aujourd'hui peut être considéré comme important pour la préservation de la paix, puisqu'il représente une réelle alternative à l'accroissement du terrorisme et des mouvements de guérilla. Son courage personnel est indiscutable, c'est un homme de prestige et d'importance, ce qui fait que son message est entendu tant au Brésil qu'à l'étranger. (Le *Sunday Times* du 17 mai le montre comme l'homme le plus influent en Amérique latine, après Fidel Castro.) En outre, Camara ne représente pas que lui-même, mais aussi un vaste et important courant à l'intérieur de l'Église catholique d'Amérique latine[3] ». Pourtant, le gouvernement brésilien a fait pression sur la Commission internationale qui accordait le prix pour que le Dom ne fût pas la personne retenue... Des calomnies et des bassesses de tous genres furent utilisées. En 1973, quand il sut que le prix avait finalement été accordé à Kissinger et au Vietnamien Lê Duc Tho, le Dom rit discrètement. À quelqu'un qui lui disait « Comment ne vous l'ont-ils pas donné ? » il répondit : « Accidents de travail. » C'était une manière de dire que c'était la conséquence de son travail prophétique.

## Souffrances du fait de la hiérarchie de l'Église

Dom Helder savait que sa prophétie dérangeait le monde, mais aussi la hiérarchie catholique. Sa profonde influence et sa capacité de communication dans les années du concile ne se poursuivirent pas dans les années 1970. Dès le milieu des années 1960 déjà, il perdit progressivement son prestige auprès de ses collègues évêques. Il avait créé diverses structures qui, à partir de 1964, lui échappèrent et, souvent, virèrent de bord. Il perdit la CNBB qu'il avait créée et fut progressivement marginalisé par ses propres frères évêques. Même dans la Conférence des évêques latino-américains à Medellín (1968), il ne réussit pas à organiser un groupe et n'eut pas de fonction prépondérante.

Du côté du Vatican, rien qu'en 1969, il reçut cinq avertissements et remontrances qui le meurtrirent profondément. La curie romaine voulait lui interdire de voyager et de parler dans le monde entier. Ses lettres au pape étaient ouvertes par le cardinal secrétaire d'État et le pape ne les recevait pas. Il ne pouvait se défendre.

Au Brésil, en 1969, le Dom subit de la part de l'Église elle-même une grande humiliation dont peu de gens ont eu connaissance. En février de cette année-là, il fut officiellement convoqué par le président de la CNBB à une rencontre de la commission centrale de la CNBB organisée comme une sorte de tribunal, afin de fournir des éclaircissements sur quelques-unes de ses positions et déclarations. L'accusé serait Dom Helder. Le cardinal Agnelo Rossi, président de cette instance, dirigea l'interrogatoire. On demanda au Dom s'il était vrai qu'il avait comme conseiller intellectuel le père Joseph Comblin. Dom Geraldo Sigaud*,

---

* Mgr Sigaud, archevêque de Diamantina, était un proche de Mgr Marcel Lefeb-vre. Avec un autre évêque brésilien, Mgr de Castro Mayer, il a joué un rôle dans la chute du régime du président Goulart, en 1964 : chute qui a entraîné le coup d'État militaitre brésilien cette même année 1964. Ces deux évêques étaient liés au milieu intégriste européen et notamment français.

archevêque de Diamantina, l'accusait de fomenter la division au sein de l'épiscopat et de provoquer des heurts entre groupes dans la CNBB. Il disait encore qu'il voyageait dans le monde entier et laissait son propre diocèse à l'abandon. En outre, le président de la CNBB lui-même l'accusa :

— On ne sait pas qui finance vos voyages à l'étranger, durant lesquels vous faites de la politique et jamais ne prêchez l'Évangile. Vous prenez des positions ridicules, par incompétence socio-économique. Vous avez affirmé qu'être socialiste est une condition indispensable pour être un bon chrétien. Vous attaquez et agressez les riches, mais vous vivez avec eux et à leurs frais.

Un autre évêque compléta l'accusation :

— Comme preuve de votre mauvaise foi, vous n'avez pas accepté de donner une conférence à l'École supérieure de guerre.

Un autre prélat l'accusa d'avoir « fourni un hydravion pour qu'un prêtre organise une guérilla en Amazonie ».

Le Dom écouta toutes les accusations et répondit humblement à chacune, du moins à celles auxquelles il pouvait répondre.

— Le père Comblin est mon ami et m'aide en tant que théologien. Maintenant, quant à être mon conseiller et ma tête pensante, chacun peut comparer ce qu'il écrit et ce que je prêche. Il verra qu'il existe des différences importantes au sein d'une même ligne de pensée et d'action.

— J'accepte de donner une conférence à l'École supérieure de guerre si j'ai la pleine liberté de parler et d'être écouté, et si on peut discuter et débattre librement du sujet.

Il souffrit de constater que, à l'évidence, certains de ceux qui étaient là ne recherchaient pas la vérité. Ils étaient venus avec l'intention de le condamner. Ce n'était plus la CNBB qu'il avait créée avec tant d'amour et de travail. Pendant qu'il parlait, des gens sortaient de la pièce et il se rendit compte aussi que quelqu'un lisait tout autre chose… La seule chose qui comptait, c'était de l'intimider. Il montra que ses voyages étaient financés par les groupes qui l'invitaient. Il ne comprit pas pourquoi on disait qu'il vivait aux frais des riches. Il ne se défendit pas des accusations d'incompétence et d'irresponsabilité… À la fin, les évêques exigèrent qu'il les tienne informés de ses voyages à l'étranger. Et le

Dom dut promettre « d'annuler tous ses engagements à l'étranger, toutes les fois que la présidence de la CNBB le jugerait préférable ! » Avant de prendre congé, il remercia ce que, intelligemment, il appela « l'aimable IPM (enquête de la Police militaire) qui me prépare pour d'autres interrogatoires plus durs[4] ».

Il se sentit victime d'une injustice et humilié par ses propres frères, mais jamais il ne se défendit ni n'accepta de rendre publiques des histoires comme celle-ci, même si elles sont nombreuses. À partir du milieu des années 1970, Dom Helder vit la hiérarchie de l'Église et ses dirigeants choisir de plus en plus de ne pas poursuivre le chemin de renouveau initié au concile Vatican II. Le Dom fut progressivement rejeté et marginalisé par les politiques brésiliens, mais aussi par l'Église elle-même qu'il aura tant servie.

## L'appauvrissement intérieur

Il commença à expérimenter le sentiment d'avoir échoué dans tout ce qu'il avait proposé. Il avait lancé l'idée de l'organisation des minorités abrahamiques. Il nota par écrit ses hésitations sur cette expérience : « Réaction de la base : aucune. Je n'ai pas eu le courage d'écrire la troisième circulaire, tant j'ai senti que l'initiative était prématurée et que le chemin n'avait pas été découvert. »

En 1971, il écrivit : « À Rome s'est ouvert le synode des évêques avec le pape. Le thème est la "Justice dans le monde". Non seulement je n'ai pas été élu par mes frères dans l'épiscopat brésilien pour les représenter mais, ce qui est encore plus significatif, je n'ai pas été reçu par le Saint-Père. » Le thème du synode des évêques était la justice dans le monde et le Dom savait qu'il était l'évêque catholique qui, dans le monde entier, avait le plus travaillé et approfondi le sujet. Au cours d'une de ses veilles, il écrivit : « Il a été manifeste pour tout le monde que le pape n'est pas d'accord avec la ligne de mes prédications sur la justice et l'amour comme chemin de paix. Cela venant du pape, vous savez quel poids cela a pour moi. Je l'accepte pleinement. Ce que je ne peux pas, c'est fuir mes propres conclusions. Après cette attestation publique et notoire, dans une occasion très solennelle et exceptionnelle (y compris la circonstance aggravante de la lettre qui m'a été demandée), est-ce que j'ai encore le droit de voyager à l'étranger[5] ? »

En 1976, au Congrès eucharistique de Philadelphie, il rencontre mère Teresa. Presque immédiatement, ils deviennent amis. Il racontait que mère Teresa lui avait dit :

— Ah, Dom Helder ! Je ne m'habitue pas aux lumières de la télévision. Un jour, vous m'avez aidée en disant comment vous vous protégez quand vous arrivez devant un grand auditoire et que vous savez qu'il va y avoir des applaudissements. Vous dites que nous nous souvenons que nous sommes un avec le Christ par le baptême. Mais le Christ S'efface tellement en nous. Pourtant, vous dites que vous parlez tout doucement au Christ : « Seigneur, c'est Ton entrée triomphale à Jérusalem, moi je serai Ton petit âne. » Ainsi, vous entrez heureux de la vie. Cela m'a beaucoup aidée, sauf que je n'ai pas le courage de dire : « Je serai Ton petit âne. » Je dis : « Je serai Ta vieille bourrique. »

Dom Helder proposa alors de dire ensemble une prière dans laquelle ils s'engageraient à faire en sorte que ce soit le Christ qui brille, et non eux-mêmes[6].

En 1977, il va deux fois à Rome pour parler avec le pape, mais la secrétairerie d'État du Vatican ne lui donne pas d'audience : « Le pape n'a pas le temps et ne peut pas vous recevoir. » Après, il reçoit un message d'un évêque ami : « Le Saint-Père a su que vous étiez venu deux fois à Rome sans aller le voir. » Pour écrire au pape, il lui fallait trouver une personne de confiance qui lui remettrait la lettre en mains propres. Dans l'épiscopat brésilien, le nombre de ses amis diminuait.

L'élection du pape Jean-Paul II, en 1978, fut la conséquence de ce changement de route ecclésiale et de la décision des cardinaux de mettre l'Église catholique dans un sens contraire à la ligne du concile Vatican II. Dom Helder s'en rendit compte avec tristesse, mais il ne pouvait plus rien faire. Lui qui, même discrètement, collabora encore avec la Conférence des évêques à Medellín (1968), eut très peu d'influence à Puebla (1979). La ligne générale était déjà autre et il la respecta, bien qu'il en souffrît. C'était le moment de mettre en pratique ce qu'il avait médité quelques années auparavant : « Accepte les surprises qui transforment tes plans, démolissent tes rêves, donnent un sens totalement différent à ton jour et, qui sait, à ta vie. Il n'y a pas de hasard. Donne la liberté au Père, pour que Lui-même conduise la trame de tes jours. »

Dans ce contexte, il a davantage besoin de la tendresse et de la présence de quelques amies. Des gestes qui paraissent plus intimes où quelques pauvres et légers signes de tristesse sont interprétés par certains, même des amis très proches, comme des indices de sénilité et de perte de contrôle personnel, comme si c'étaient des symptômes de manque de lucidité. Il entendit commentaires et critiques. Il resta totalement muet et triste. Mais à aucun moment il ne s'éloigna des personnes qui lui étaient chères, et il n'abandonna rien de son ministère.

C'est peut-être de cette époque que datent quelques poèmes sur la douleur et la mission de celui qui souffre. L'un d'eux s'intitule *Barreiras* (Barrières). Il a été écrit lors d'une de ses veilles : « Essaie d'atteindre ta propre main à travers la vitre et tu comprendras l'horreur d'être tout à côté de la personne aimée et de sentir entre vous deux des barrières d'égoïsme[7]. »

Je ne crois pas qu'il ait pensé à lui-même, mais il aurait pu appliquer à sa propre expérience ce qu'il avait écrit des années plus tôt : « Certaines créatures sont comme la canne à sucre : même pressées à la meule, complètement broyées, réduites en pulpe, elles ne savent donner que de la douceur[8]… »

## La liberté du prophète

Le Dom acceptait de souffrir, mais jamais de perdre la liberté d'agir. Avec son tempérament d'artiste, de temps en temps, sa créativité inventait des histoires pleines d'humour pour exprimer des convictions peu conformistes. Une fois, je l'ai vu raconter une histoire que je n'ai jamais oubliée :

« Il y avait une fois deux charretiers. Ils cheminaient tous les deux avec leurs charrettes chargées. Les chemins étaient boueux et les deux charrettes s'embourbèrent. Un des charretiers était pieux. Il tomba aussitôt à genoux dans la boue et commença à supplier Dieu de l'aider. Il pria, il pria, il pria sans s'arrêter, en regardant le ciel. Pendant ce temps, l'autre, furieux, jurait tout ce qu'il savait, mais travaillait. Il chercha des morceaux de bois, des feuilles, de la terre. Il battait son âne. Il poussait la charrette. Il jetait des insultes. C'est alors que se produit le miracle : un ange descend du ciel. Mais, à la surprise des deux hommes, il vient à l'aide du charretier qui jurait. Celui-ci, surpris et confus, s'écria : "Pardonnez-moi, mais vous devez faire erreur. L'aide est certainement pour l'autre." L'ange répondit : "C'est bien pour toi. Dieu aide celui qui travaille." »

C'était la conviction du Dom. L'être humain est cocréateur et doit se sentir participant actif et responsable du projet de Dieu pour le monde. Pour lui, passivité et conformisme étaient synonymes de péché.

## Le vieillissement et la Pâque définitive

Pour Dom Helder, l'expérience de la vieillesse a été marquée par une grande fragilité physique et un progressif appauvrissement intérieur et social. Pour soigner les veines ouvertes de ses deux jambes, les médecins lui faisaient prendre de la cortisone. Cela l'a fait grossir artificiellement et il a perdu sa mobilité et sa vitalité de toujours. La souffrance de l'Église d'Olinda et Recife, remise aux mains d'un archevêque qui détruisit tout ce que le Dom avait fait, était quotidienne et progressive. Dom José Cardoso pourchassait et punissait toutes les personnes qui ne paraissaient pas totalement aliénées à une Église tournée sur elle-même et sans dialogue avec l'humanité. Le Dom a vu beaucoup de personnes qui lui étaient très proches démises de leurs fonctions ou expulsées de l'archidiocèse. Il a vu la destruction de l'ITER (institut de théologie) et la révocation de la Commission Justice et Paix, la fin de l'opération Espérance et d'autres initiatives qu'il avait prises... Plusieurs de ses anciens collaborateurs quittèrent Recife pour travailler là où leur contribution pourrait être appréciée. Le Dom lui-même, dans les premiers temps, se demanda s'il ne retournerait pas à Rio où il avait des amies et des amis. On dit que le cardinal de Rio l'a informé qu'il pourrait vivre à Rio, mais en prenant l'engagement de ne pas parler de questions concernant l'Église. Privé du droit de parler à Rio ou à Recife, le Dom choisit de rester à Recife. Et pour rendre le quotidien encore plus pénible, les blessures de ses jambes s'étendaient, permanentes et douloureuses. Sa mémoire allait et venait. La lucidité ne l'a jamais totalement abandonné. Il avait demandé à Dieu : « Ne permets pas que mon esprit s'en aille, laissant mon corps présent. »

Il commença à sentir davantage le poids des ans à partir de 70 ans et il entendait qu'autour de lui, on disait qu'il radotait. Il ne partagea pas l'enthousiasme de notre groupe de théologie de la libération pour le sandinisme nicaraguayen. Beaucoup, dont moi, pensions qu'il était resté « en arrière ». Dix années plus tard, l'histoire lui donnera raison et nous, nous étions déçus par la structure sandiniste qui proposait un chemin socialiste latino-américain si beau, mais qui était tombée dans la même corruption économique et dans les mêmes erreurs qui sont le risque de tout pouvoir qui se veut absolu.

Une nouvelle génération d'évêques prophètes, Dom Tomás Balduino, Dom Pedro Casaldáliga et d'autres ont essayé de diverses manières de l'avoir comme patriarche. Il les a accueillis, mais n'a plus réussi à les organiser comme il le faisait avec ses compagnons à l'époque du concile. Il semblait se sentir un peu isolé. Une méditation poétique résume bien son sentiment à ce moment-là : « Vieux Vins ». « Maintenant que commence la vieillesse, j'ai besoin d'apprendre, comme le vin, à m'améliorer en vieillissant et, surtout, à éviter le danger terrible, en vieillissant, de tourner au vinaigre[9]… »

Dans certains cas, il ne parlait pas. Simplement, il pleurait. Ainsi quand les journalistes lui apportèrent la nouvelle que l'archevêque de Recife avait suspendu le père Reginaldo Velloso, ancien collaborateur du Dom. Simplement, il pleura.

Un vieil ami, Darcy Ribeiro, important éducateur et anthropologue brésilien qui s'était consacré à la cause indigène, avoua, alors qu'il mourait d'un cancer à Rio de Janeiro : « Je regarde toute ma vie et je vois que presque tous mes rêves, toutes mes initiatives et tout ce que j'ai essayé de faire dans la vie, il semble que rien n'ait bien marché. Dans presque tout, je sens que j'ai échoué. Mais pour rien au monde je ne voudrais être dans la peau de ceux qui ont vaincu. »

Dom Helder a toujours été plus optimiste et sa foi faisait qu'il abandonnait dans les mains de Dieu ses succès et ses échecs, sans se préoccuper d'en tenir une comptabilité. Déjà à la fin des années 1990, malade et ne pouvant presque plus sortir de chez lui, il lança, ou plutôt relança son projet des années 1980 : « An 2000 sans misère ». Sur ce sujet, il écrivait et parlait partout où on l'invitait, dans la mesure où il pouvait y aller[*]. En 1996, le pape Jean-Paul II invita l'Église catholique pour le jubilée de l'an 2000. Très vite, le Dom comprit que le but était l'Église elle-même et le prestige de la hiérarchie, et pas le service des pauvres et de la paix du monde. Cependant, il soutint la campagne internationale pour l'effacement de la dette extérieure des pays du tiers monde, campagne que le pape signa. Deux ans avant sa mort, il avait alors 88 ans, il reçut la visite de son ami français l'abbé Pierre, fondateur des Chiffonniers d'Emmaüs, lui aussi octogénaire. À la fin de la visite, tous deux signèrent une brève déclaration : « Nous avons tous les deux plus de 80 ans et nous renouvelons notre ferme décision de consacrer nos vies au service de nos frères les plus pauvres. Nous voulons marcher dans cette voie jusqu'à notre dernier soupir. »

## Le départ

J'ai déjà raconté ma brève et émouvante rencontre du jeudi 7 août 1999, vingt jours avant son départ définitif. La dernière image que je garde de lui, tout enflé et apparemment déprimé, est celle d'un homme cloué avec le Christ sur la croix. C'est pourquoi je rappelle ici cette scène pour parler de son héritage pour ceux qui souffrent. Ses dernières années ont été dures et très douloureuses. Non seulement au plan physique, mais

---

[*] Par la suite, ce projet a été pris en compte par l'Église brésilienne et par l'État, comme programme de mobilisation nationale.

surtout à cause de l'extrême solitude pour quelqu'un qui avait vécu quotidiennement avec les grandes foules et des millions de personnes du monde entier.

Dans les dernières années, il refusait de parler de lui. « Ça suffit de parler de moi. Qu'on me laisse me préparer pour le grand voyage. » À partir de 1994, il cessa de voyager. Et il est deux sujets dont il n'accepta jamais de parler : l'archidiocèse d'Olinda et Recife, dernière grande perte de sa vie, et comment il se sentait personnellement marginalisé par le nouvel archevêque et pratiquement réduit au silence par sa propre Église. Quand on le provoquait trop, il répétait une des dernières phrases de sa *Symphonie des Deux Mondes* : « Plus noire est la nuit, plus brillante sera l'aurore. » D'ailleurs, il n'aurait certainement pas aimé que j'insiste sur cette image des derniers jours.

Le vendredi 27 août 1999, étant rentré chez lui après une hospitalisation pour des problèmes rénaux, il mourut à 22 h 30, calmement, dans son lit. La nouvelle fut immédiatement transmise par les médias. En toute hâte, Dom José Cardoso fixa l'enterrement au samedi à 14 h. À qui tenta de protester en disant que cela ne donnerait à aucun de ses amis le temps de venir de l'extérieur, l'archevêque répondit :

— Il voulait un enterrement simple. Il l'aura. Qui pourra venir viendra.

En fait, on n'a pas pu l'enterrer à 14 h comme le voulait l'archevêque. La foule qui accourut à l'église des Frontières était si nombreuse que les organisateurs furent obligés de retarder la sortie du cercueil. L'archevêque de Recife fit appel au nonce apostolique pour célébrer la messe de funérailles devant la cathédrale d'Olinda. Le président de la République envoya le vice-président Marcos Maciel pour le représenter à la cérémonie d'adieu à Dom Helder. Dans la petite église des Frontières, il n'y avait pas assez de place pour l'immense procession des gens qui, pendant toute la matinée, depuis l'aube, passait silencieusement pour demander la bénédiction de son pasteur de toujours. Hors de l'église se formait une foule qui voulait emmener le corps à sa tombe dans la cathédrale où sont enterrés les évêques de Recife.

L'archevêque ne put l'empêcher. Tout le peuple décida d'accompagner à pied le corps jusqu'à la cathédrale d'Olinda. Le cercueil fut placé sur un véhicule militaire. Pauvre Dom Helder qui lutta toute sa vie contre le militarisme ! Ce fut une voiture militaire qui emporta son corps jusqu'à la tombe. Mais la voiture ne pouvait pas avancer, entourée par la foule immense qui chantait et priait. En arrivant à Olinda, l'archevêque ordonna de fermer la rampe d'accès à la cathédrale. Seuls les invités munis d'un badge pouvaient passer le cordon de sécurité. Ceux-là seuls purent participer à la messe en face de la cathédrale, présidée par le nonce apostolique. Au moment de la communion, l'archevêque décida de ne pas distribuer la communion pour ne pas courir le risque de quelque manque de respect au Saint-Sacrement. Seuls les concélébrants qui étaient à l'autel purent communier. Et le corps fut emmené dans l'église fermée. Seules quelques rares personnes purent participer à l'enterrement.

L'Église catholique ne consacra à la mort de Dom Helder que quelques brèves nouvelles dans les pages centrales de ses gazettes. Aucune note officielle du Vatican. Aucune parole de la CNBB. Hors des amis, ce fut le silence.

À première vue, ce fut une mort différente de tout ce qu'on pouvait imaginer pour lui. En réalité, c'était bien en accord avec les dernières années de sa vie : pauvre et dans les mains de personnes qui décidaient pour lui. Lui qui toujours, même dans les années où il était le plus actif, n'avait jamais accepté de conflits internes et avait toujours cherché à respecter les autres et à céder en tout ce qu'il pouvait, trouvait dans sa propre mort et dans son enterrement une illustration de ce qu'il avait vécu.

Après sa mort, j'ai lu dans un livre qui recueillait quelques-uns de ses écrits la confession suivante : « Il y a un danger réel de l'orgueil de l'humilité : "Voilà ! Regardez-moi ! Je suis un évêque pauvre, un évêque des pauvres ! Je ne suis pas comme ces évêques bourgeois…" Ça, c'est la fin. Vous savez que c'est seulement plus tard que j'ai su que la pauvreté que Dieu avait choisie pour moi, ce n'était pas de me détacher des richesses – que d'ailleurs je n'avais pas – mais de m'arracher mon prestige, ma réputation, ma renommée[10]. »

1. Dom Helder Camara, *À force d'amour*, Éditions Nouvelle Cité, 1987, pp. 31-32.
2. Clelia Luro, *El mártir que no mataron : Helder Camara*.
3. Nelson Piletti et Walter Praxedes, *Dom Helder Camara, entre o poder e a profecla,* p. 9.
4. *Ibid.*, pp. 363-364.
5. N. Piletti et W. Praxedes, *Dom Helder Camara, entre o poder e a profecia*, p. 424.
6. *Ibid.*, p. 407.
7. Dom Helder Camara, *Mille raisons pour vivre*, p. 49.
8. *Ibid.*, p. 72.
9. Dom Helder Camara, *Mil razões para viver*, p. 29.
10. *Id.*, *Les conversions d'un évêque*, Éditions de L'Harmattan, 2002, p. 155.

*L'expérience ne te dit-elle pas
que quand vient la mort
arrive en général le contraire
de ce qu'on a prévu :
ceux qui se disaient
sans crainte s'épouvantent,
tandis que la reçoivent, tranquilles
les humbles qui la craignaient ?...
Ne te fait-elle pas un peu peur,
une si grande sérénité
en face de l'absolu manque de vision ?
Ou vraiment, vraiment, vraiment,
ta tranquillité a-t-elle ses racines en Dieu ?*

(Rome, 10-11 mars 1964[1].)

---

1. Dom Helder Camara, *Lettres conciliaires (1962-1965)*, p. 467.

—

# XII

## Message pour une humanité sans frontières

« Montrez-moi quelqu'un qui aime et il comprend ce que je dis. Donnez-moi quelqu'un qui désire, qui marche dans ce désert, quelqu'un qui a soif et soupire après la source de vie. Montrez-moi cette personne et elle saura ce que je veux dire. » (Saint Augustin.)

Parler de « l'humanité du XXI$^e$ siècle », c'est se référer à un monde plus divisé et avec plus de contradictions sociales, politiques, économiques et culturelles que celui que connaissait Dom Helder, il y a quelques années (moins de dix). Non seulement nous n'avons pas réussi à réaliser « l'an 2000 sans misère » pour lequel le Dom s'est tant battu, mais la misère se développe et, aujourd'hui, menace la vie de peuples entiers en Afrique et de groupes immenses en Amérique latine. L'ONU qui avait promis, en l'an 2000, de diminuer de moitié la pauvreté dans le monde d'ici quinze ans, reconnaît aujourd'hui que cette pauvreté s'accroît tellement que les « buts du millénaire » ne pourront pas être atteints.

Actuellement, les organismes internationaux ont perdu leur autorité morale et tous parlent de réforme, mais le chemin ne semble pas clair. Dom Helder n'a pas vu le gouvernement des États-Unis retirer les masques qu'il utilisait encore pour dissimuler sa prétention à être l'unique Empire avec des droits absolus sur la vie de la planète. Il n'a pas eu le temps de connaître la forme ultime du « capitalisme », celle qui se nourrit de la mort et des malheurs planétaires, comme le tsunami qui a touché l'océan Indien dans les derniers jours de 2004 et les tremblements de terre, inondations et autres calamités qui dévastent le monde. Condolezza Rice, porte-parole du président Bush pour le monde extérieur, a clairement déclaré que ces malheurs étaient une opportunité à ne pas manquer pour les investissements nord-américains dans les pays détruits. Effectivement, les États-Unis non seulement s'emparent des terres dévastées pour y réaliser de nouveaux investissements économiques, mais ils en profitent pour renforcer leur présence militaire dans la région. Le Brésil est plus pauvre et plus dépendant du capital international ; et pourtant, en 1989 déjà, Dom Helder prévoyait qu'il ne suffirait pas d'avoir un gouvernement du PT pour répondre aux attentes de la majorité des Brésiliens. Nous qui avions cru à cette possibilité, une fois de plus, nous avons été déçus.

Cependant, il faut « ne pas laisser tomber la prophétie ». La nuit du Nouvel An 1994, au Chiapas, au sud du Mexique, les peuples indigènes se sont levés pacifiquement et, par une lutte non violente, ont réussi à faire plier les prétentions de l'Empire qui voulait imposer son traité de Libre-échange (NAFTA) qui, en réalité, était une annexion du Mexique. Pendant des années, ils ont affronté la répression du gouvernement mexicain et, aujourd'hui, ils constituent un pouvoir civil que le gouvernement est obligé de respecter. À partir de cette expérience, dans toute l'Amérique latine, spécialement en Équateur et en Bolivie, les peuples indigènes ont conquis une représentativité et une force de décision plus importante dans leurs pays. Au Brésil, plus de trente peuples, considérés comme disparus, se révèlent vivants et organisés, retrouvant leurs langues originales et leurs coutumes ancestrales.

### Message à la société civile

« Notre récompense se trouve dans l'effort et pas dans le résultat. Un effort total est une victoire complète. » (Mahatma Gandhi.)

En 2001, à l'initiative de la Commission Justice et Paix – organisme que, dans les années 1960, Dom Helder avait contribué à créer – et d'autres groupes internationaux, la société civile a obtenu son 1er Forum social mondial. La presse se moque et la société officielle ignore, mais c'est le germe d'une nouvelle organisation sociale plus égalitaire et plus juste qui se développe là. Dans de nombreux pays du monde, notamment au Brésil, la crise de la démocratie représentative, ravagée par la corruption du système et incapable de corriger les très graves erreurs de l'inégalité sociale, pousse à chercher un nouveau modèle de démocratie participative dans lequel la société civile joue un rôle décisif. Sur tous les continents, beaucoup de gens, principalement la jeunesse, ont découvert que de nouvelles manières d'organiser le monde sont non seulement possibles mais urgentes. Dans de nombreux pays, des groupes altermondialistes montrent l'injustice de l'économie « mondialo-colonisatrice » et manifestent pour la paix et le respect de l'autonomie de tous les peuples de la terre.

À Pérouse, en Italie, se réunit une organisation civile, encore à ses débuts, qui a vocation à être « l'ONU des Peuples ». Quand j'écris ce témoignage, cette organisation a déjà tenu sa 6e assemblée internationale et a suscité une assemblée indépendante d'une « ONU de la jeunesse ».

Je suis sûr que si Dom Helder avait été vivant et actif, il aurait été l'un des supporters les plus enthousiastes de ces démarches de participation de tous les hommes et femmes citoyens, et des enfants, dans la construction d'un monde de paix. Je crois, surtout, que la construction d'un Forum social mondial permanent et actif l'enthousiasmerait. Nous assumons l'héritage de Dom Helder en travaillant pour que cette semence éclose, fleurisse et fructifie.

Il est possible que le terme « minorités abrahamiques », sous cette forme, soit modelé par la culture judéo-chrétienne et que nous ayons besoin, actuellement, d'une nouvelle expression pour désigner les personnes et les groupes qui suivent ce même chemin. Dans la dispersion de ce monde pluraliste, beaucoup se sentent insatisfaits du mode de vie que leur propose la société.

Ce sont des gens de tous les continents, jeunes et adultes. Ils croient qu'une nouvelle manière d'organiser le monde est non seulement possible mais urgente, et ils se sentent appelés à se consacrer à cette cause. Ils sont, assurément, les fils et les filles de ce prophète qui, durant toute sa vie, a lutté pour cela et n'a pas laissé tomber la prophétie. L'héritage du Dom pour ces groupes et ces personnes est le suivant :

• Pour transformer la réalité, il est important de la connaître bien et en profondeur. Aux militants des années 1960, il disait ce que, certainement, il répéterait aujourd'hui : « Ne cessez pas d'étudier et de confronter idées et propositions de changements. »

• Dom Helder aimait beaucoup une parole de Gandhi qu'il leur donnerait encore aujourd'hui : « Vis toi-même le changement que tu proposes au monde. » Il nous faut donc commencer pour nous-mêmes la transformation que nous souhaitons pour toute la société, ne pas attendre que les lois changent pour être une personne juste et qui partage avec les autres sa vie et un peu de ce qu'elle possède.

• Il s'agit non seulement de vivre cela comme un effort personnel pour changer l'économie et la politique en vigueur, mais de comprendre qu'il y a quelque chose de plus profond : ne pas séparer l'action solidaire et l'engagement pour un monde nouveau de la recherche intérieure d'un sens plus profond de la vie, d'une recherche d'unification intérieure et d'une manière de développer la meilleure énergie qui est en nous. C'est un chemin humain, appelons-le « spiritualité », qui peut être parcouru dans les diverses religions – jusqu'ici, les religions ont été des instruments à travers lesquels est vécue la spiritualité. De plus en plus de personnes sentent la nécessité de vivre ce chemin et d'approfondir cette recherche, indépendamment des religions instituées. Presque tous les théologiens et les théologiennes qui collaboraient avec Dom Helder et se sentent héritiers de sa prophétie sont engagés pour aider leurs frères et leurs sœurs à approfondir ce chemin spirituel qui se concrétise dans l'engagement pour renforcer dans le monde entier une culture de Paix. Cette culture implique ouverture et amour de la diversité des cultures et des religions, choix du dialogue et gestion non violente des conflits pour surmonter les problèmes sociaux et politiques, et un souci amoureux de la nature et de l'univers auquel nous appartenons.

• Aujourd'hui se développe dans de nombreux pays du monde une idée pour laquelle, dans les années 1960 et 1970, Dom Helder s'est beaucoup battu. Il s'agit des écoles et des cours d'éducation à la paix et de hautes études en sciences de la paix. En divers lieux, Dom Helder a proposé la création d'« écoles supérieures de la Paix », principalement au Brésil où il connaissait une « École supérieure de la guerre ». Dom Helder a jeté la semence que d'autres ont cultivée. Dans ces dernières années, de nombreux éducateurs et des organisations de la société civile ont organisé des universités populaires et, dans la ligne d'Edgar Morin et d'autres, ont pensé une véritable connexion entre le savoir scientifique et l'expérience des communautés populaires au service de la paix et de la justice.

## Message aux Églises chrétiennes

À l'époque du concile Vatican II, Dom Helder travailla beaucoup pour que, dans tout le monde, l'Église catholique se comprenne comme une communion d'Églises locales. Actuellement, à divers signes, on sent que cette nécessité se fait encore plus urgente et profonde, que cette conception conciliaire ou synodale de l'Église a été laissée de côté et ignorée par ceux qui, aujourd'hui, gouvernent l'Église. Cependant, les pauvres ont persévéré dans la foi et dans la recherche d'une mystique de la vie. Au moment où le monde entier convergeait autour de la mort du pape Jean-Paul II à Rome, au Salvador, des chrétiens du monde entier célébraient les 25 ans du martyre de Mgr Oscar Romero, prophète des peuples latino-américains. Et en 2005, au Brésil, nous avons organisé des assemblées importantes de la pastorale de la Terre, du Conseil indigéniste missionnaire, et nous avons réuni environ cinq mille personnes du Brésil et des autres pays pour la 11e Rencontre nationale des communautés ecclésiale de base. Le climat ecclésial n'est pas celui des premières rencontres, mais la prophétie continue, gardant brûlant l'appel de cette mystique du royaume de Dieu, c'est-à-dire d'une spiritualité dont le cœur n'est pas seulement une sensation individuelle de bien-être, mais la joie de suivre Jésus de Nazareth dans son témoignage du projet que Dieu-Amour a pour cette terre. Dans cette recherche, quel héritage recueillons-nous de la parole et de la vie de Helder Camara ?

Malgré les difficultés, continue à se propager dans le monde un rêve né au Conseil œcuménique des Églises au début des années 1980 mais qui, presque immédiatement, a aussi été exprimé par Dom Helder : le projet de faire un nouveau concile qui réunisse des chrétiens des Églises les plus diverses et même des personnes d'autres religions au service de la paix, de la justice et de la défense de la Création. Le Dom exprima ce projet dans une lettre de 1981, envoyée à Mgr Jerônimo Podestá, son ami, évêque d'Avellaneda, en Argentine, qui s'était marié et avait renoncé à son diocèse. Je reproduis ici un passage de cette lettre.

*Recife, 30 octobre 1981*
*Jerônimo, mon cher frère,*

*Il est sûr que j'ai eu une peine très profonde de manquer notre rencontre. Ce fut quelque chose d'imprévu et de nécessaire. Si j'ai tardé à te répondre, ce fut pour mieux méditer ma réponse face à Dieu. (...) Le 7 février 1984, si Dieu me laisse encore sur terre, j'aurai 75 ans et je devrai « me mettre à la retraite » de l'archidiocèse d'Olinda et Recife. Si Dieu me donne encore assez de force physique et une tête pas trop sclérosée, après avoir laissé le diocèse, je vais profiter de ce temps au maximum, me souvenant des grâces reçues et de l'appel du Seigneur (...).*

*J'ai trois rêves principaux qui se complètent et exigeront diverses tâches, selon les grâces reçues.*

*A. Le rêve d'une authentique intégration latino-américaine sans impérialismes externes ni impérialismes internes.*

*B. Le rêve que soit possible pour l'an 2000 le concile de Jérusalem II.*

*C. Le rêve d'un dialogue authentique avec les mondes des mondes.*

*(…) Le rêve pour lequel je me sens particulièrement appelé est le rêve numéro 2. Je ne me soucie pas du fait qu'il est plus que probable que j'assisterai à ce concile depuis la maison du Père. De là, je veux aider à sa réalisation*[1].

Si on lit rapidement, la proposition de Dom Helder paraît contradictoire parce qu'il parle de concile de Jérusalem et, au milieu de son argumentation, il concède : « Il peut même se tenir à Rome. » C'est que, pour lui, le concile n'est pas « de Jérusalem » pour se tenir dans la ville sainte, mais pour être la continuation et l'actualisation de la rencontre des apôtres racontée au livre des Actes, chapitre 15. C'est pourquoi il l'appelle Jérusalem II. Mais pour lui, peu importe le lieu de sa réalisation. L'important est qu'il ait la mission œcuménique d'ouvrir l'Église à la différence et de témoigner que l'amour de Dieu est présent et agissant dans toutes les cultures du monde.

Dom Helder est mort le 27 août 1999, alors qu'il manquait quatre mois pour arriver à l'an 2000, sans entrevoir la réalisation d'aucun de ses rêves. Mais nous sommes ses héritiers pour poursuivre sa mission. Je suis convaincu que ce nouveau concile n'aura de sens que s'il est préparé et réalisé à travers un long processus conciliaire qui s'enracinerait dans une large consultation et une réflexion dans les communautés de chaque confession chrétienne engagée dans le processus. Ainsi les communautés catholiques s'engageraient dans un vaste synode diocésain, de même que, dans le même temps, les autres Églises vivraient un processus semblable. Les synodes locaux déboucheraient sur un concile général de chaque Église qui préparerait un concile véritablement œcuménique. Au début des années 1980, la commission œcuménique Foi et Constitution, organisme lié au Conseil œcuménique des Églises[*], demanda officiellement

---

[*] La commission Foi et Constitution, qui fait partie intégrante du Conseil œcuménique des Églises (COE), est composée de 120 membres (hommes et femmes, pasteurs, prêtres ou laïcs, théologiens, universitaires, responsables d'Églises) désignés par leurs Églises respectives. L'Église catholique, qui n'est pas membre du COE, est membre à part entière de la commission Foi et Constitution. Cette commission a pour but de travailler à l'unité des Églises à travers des programmes d'étude sur les questions théologiques qui les divisent.

au pape que, comme évêque de Rome et apôtre de l'unité des Églises, il accepte de convoquer ce concile. À cela, Rome ne donna aucune réponse positive. Qui sait, pour les cinquante ans de Vatican II, peut-être l'ambiance sera-t-elle autre et cela sera-t-il possible. L'important est que ce concile panœcuménique s'ouvre à la participation et à la collaboration des croyants des religions les plus diverses et accélère un processus de dialogue et de communion qui nous fasse vivre un grand forum de personnes et de communautés qui optent pour une Mystique de vie, au-delà des Églises et des religions. Ce serait un forum pour la Paix, la Justice et le Souci de l'univers menacé. Ce processus est fondamental pour faire face à la vague des fondamentalismes et à une tendance de quelques religions à légitimer les violences et les guerres, au lieu de promouvoir la paix et la justice.

Il est nécessaire que nous nous sentions tous et toutes convoqués à ce rassemblement d'espérance et de solidarité, si urgent dans le monde. En 1994, Dom Helder envoyait un message au mouvement italien *Mani Tesi* (Mains tendues). Ce message se terminait ainsi : « Nous ne sommes pas seuls. C'est pourquoi je n'accepte jamais la résignation ni le désespoir. Un jour, la faim sera vaincue et il y aura la paix pour tous. Le dernier mot dans ce monde ne peut pas être la mort, mais la vie ! Jamais plus il ne peut y avoir la haine, mais l'amour ! Nous avons besoin de faire en sorte qu'il n'y ait plus de désespoir, mais l'espérance. Que jamais plus ne l'emportent les mains endurcies contre l'autre, mais ce que valorise votre mouvement : des Mains tendues ! unies dans la solidarité et dans l'amour pour tous. »

---

1. Clelia Luro, *El mártir que no mataron : Helder Camara.*

# Un prophète monte au ciel

*Une heure avant que les aiguilles de l'infini*
*N'annoncent minuit,*
*La lune n'était pas pleine,*
*et l'étoile du berger s'est avancée,*
*La porte du ciel s'ouvre,*
*Un ange nommé José l'a ouverte à deux battants,*
*Une volée de chérubins passe en criant :*
*— Le petit père est arrivé !*

*À la fête d'arrivée,*
*Déjà court la farandole des saints,*
*Zé, Tonha et son Zeca,*
*Severina et le vieux Chico,*
*Qui, avait toujours dit le Dom,*
*Dans le Nordeste étaient le Christ.*
*Sois le bienvenu, cœur poète,*
*Âme d'enfant et chanteur,*
*C'est presque l'heure où tu t'éveilles*
*pour la veille de la nuit, ton bouillonnement.*
*Ici, tu écriras des circulaires aux anges,*
*Tu pourras organiser tes projets,*
*Il y a plus de mille raisons pour vivre.*
*Le Désert, tu vois, est déjà fertile.*

*Augmentées par milliers, un nouveau forum s'annonce,*
*Les minorités abrahamiques se rassemblent,*
*Elles entonnent la symphonie des mondes réunis.*
*Viens en courant, voyageur ! La terre te salue,*
*Les Utopies pèlerines arrivent, tu peux te réjouir !*
*Le petit cheval bleu te portera sur sa croupe,*
*Il sera ton navire spatial, ton utérus, ton foyer.*

———

Tout était beau et parfait,
Mais il y avait un mais,
Il faut l'avouer,
Le Dom rêve qu'il est arrivé au paradis.
Le voyant à la porte, Pierre demande : « Pourquoi n'entres-tu pas ? »
Regardant de part et d'autre, il réclame :
« Excuse-moi, mais où est la presse ? »
Il ajuste ses lunettes et lisse ses deux mèches de cheveux,
Il voit un corps de femme, beauté et splendeur,
Son instinct cherche la vierge aux lèvres de miel
Mais l'esprit lui souffle : besogne plus urgente,
À la famille de Mecejana il murmure le projet
De voler et de jeter au loin la clé du ciel.

À la première heure, déjà une circulaire,
28 août, fête de saint Augustin,
« Aime et fais ce que tu veux », bien compris,
Évidemment, un amour qui soit amour, expliquait-il…
Mais quel est son message le plus cher,
pour l'humanité qui se souvient et l'honore,
Il réfléchit, se gratta la tête et murmura :
« Ne laissez pas tomber la prophétie ! »

# POSTFACE

1. L'Église catholique traverse une période difficile. Chaque jour qui passe, elle perd du terrain, alors qu'elle cherche à retourner la situation en conquérant plus d'espace dans l'univers de la communication électronique, surtout de la télévision. Il se trouve que le danger ne vient pas seulement, ni principalement, de l'extérieur, de religions concurrentes toujours plus actives comme, par exemple, les Églises pentecôtistes. Ou, encore, du mouvement de sécularisation qui agit au sein des sociétés occidentales. Le danger principal vient de l'intérieur. Les fils et les filles, les petits-enfants de couples catholiques fervents coupent peu à peu la communication avec l'Église, comme on coupe une communication téléphonique. Les femmes n'obéissent plus aux prêtres comme avant, et il en résulte inévitablement une désaffection de la messe dominicale dans les paroisses. Tout le secteur de la sexualité, du mariage et de la famille échappe peu à peu au contrôle de l'Église. De plus, avec son attitude très identifiée aux positions politiques du monde occidental, l'Église court le risque de perdre d'excellentes occasions d'intervenir dans des conflits successifs que nous vivons déjà entre l'Occident et le reste du monde et que, certainement, nous aurons à affronter à l'avenir.

2. C'est dans ce contexte que se distingue la figure de l'évêque brésilien Helder Camara. Bien qu'il soit toujours resté étroitement lié à l'Église, il n'a jamais cru que le destin du christianisme était viscéralement lié à celui de l'Église catholique. Pour lui, ce qui importait, c'était le destin de la société humaine. L'Église était pour lui un tremplin pour la société, une tribune d'où il pouvait adresser une parole à tous, sans distinction de foi, de race, de sexe ou de condition sociale. En cela, il différait de la majorité des évêques. Cette position originale a laissé beaucoup de gens désorientés, et j'avoue que moi-même, qui ai collaboré avec lui pendant dix-huit ans, j'ai aussi eu plus d'une fois du mal à comprendre le comportement du Dom.

Un soir, à la fin des années 1960, je ne me rappelle pas exactement en quelle année, il nous invita – un groupe d'une quinzaine de prêtres – au palais des Manguinhos (sa résidence à l'époque) pour dire que le monde catholique manquait de prophètes. L'Inde, disait-il, avait Gandhi, les protestants avaient Martin Luther King, mais dans le catholicisme, il n'y avait personne. L'allusion était vainement claire. J'avoue que je me suis demandé : « Est-ce que Dom Helder est la démagogie même (comme certains le disaient avec insistance) ? » Mais à ce moment, il lançait sa version du mouvement de non-violence active dont Marcelo Barros parle dans le livre que vous avez entre les mains. Effectivement, ce fut à partir de ce moment que Dom Helder devint un évêque prophète. Avec les années, cela devint de plus en plus évident et je pense que, à l'avenir, cela le sera plus encore. Pourtant, dans la vie, il fut persécuté et incompris. Ce n'est qu'aujourd'hui que nous commençons à comprendre l'importance que des personnes comme lui ont pour l'avenir de l'ensemble de l'humanité.

3. Vous pouvez constater que ce livre n'est pas une simple biographie. Il ne se limite pas à fournir des informations sur la vie de l'évêque défunt. Au contraire, l'auteur montre qu'il veut

parler, concrètement, sur l'expérience chrétienne aujourd'hui. La figure de l'évêque fonctionne comme un miroir qui reflète une action du passé en fonction d'une réflexion actualisée. En lisant attentivement le livre de Marcelo Barros, on peut constater que ce qui l'intéresse, ce n'est pas tant la personnalité de l'évêque, sans doute privilégiée en termes d'intelligence et de sensibilité, que son comportement dans les diverses circonstances de sa vie. L'auteur focalise principalement son propos sur l'art et la stratégie de la non-violence, dans la ligne de Gandhi et de Martin Luther King. Cette stratégie et cet art sont toujours d'actualité, avec les nécessaires adaptations aux conditions de temps et de lieu. C'est dans la réflexion autour de l'importance actuelle de la vie de Dom Helder Camara que Marcelo Barros, lui-même éducateur dans cet art de l'action non violente, se montre un maître expérimenté. En terminant la lecture du livre, nous devons reconnaître que le Dom a touché juste en choisissant, dans les lointaines années 1970, d'intégrer le jeune étudiant Marcelo dans le cercle le plus intime de ses amis et collaborateurs. L'actuel moine Marcelo Barros joue aujourd'hui un rôle important pour préserver et faire connaître le souvenir des « Saints-Pères de l'Amérique latine », comme aime à les appeler Joseph Comblin.

4. Dans un de ses écrits, l'intellectuel marxiste Antônio Gramsci trace une claire ligne de séparation entre l'intellectuel organique et l'intellectuel critique. L'intellectuel organique est lié à un mouvement déterminé dans la société, tandis que le critique maintient la distance qui permet un regard critique. Nous savons combien il est difficile, pour un intellectuel organique, de rester critique. Habituellement, l'engagement militant aveugle la clairvoyance.

À mon avis, Helder Camara, organiquement lié à l'Église, a su rester critique. Position délicate et souvent mal comprise, qui lui a valu beaucoup de souffrances et de déceptions, comme on peut le voir dans les pages de ce livre. En diverses circonstances, l'évêque se sentait au milieu d'un feu croisé et prenait des coups de tous côtés. Mais cette situation difficile lui a permis de rester dans la mémoire des hommes et des femmes qui désirent suivre la recommandation de Jésus : être simple comme une colombe et rusé comme un serpent. Maître inégalable dans l'art de convaincre, dans l'art de la lutte rusée et de l'espièglerie chrétienne, Dom Helder reste un des principaux guides pour une action chrétienne aujourd'hui. En ce qui concerne l'Église catholique, son image restera liée à celle du concile Vatican II. Dans un livre récent consacré à l'étude des répercussions de Vatican II au Brésil, José Oscar Beozzo[*] cite les dernières paroles du pape Jean XXIII :

« Aucune crainte.

Le Seigneur est présent.

Un temps nouveau a commencé[1]. »

Il est extraordinaire qu'un pape conclue sa vie en parlant de « temps nouveau ». Les papes n'ont pas l'habitude de parler ainsi. Ils parlent de « tradition ». En cela, Jean XXIII et Helder Camara se rencontrent, comme le rappelle Marcelo Barros dans plusieurs pages de cet excellent livre.

Eduardo HOORNAERT[**]

---

* Théologien et historien, le père José Oscar Beozzo est responsable du centre œcuménique pour l'évangélisation et la formation à São Paulo.
** Historien du christianisme, professeur à l'université fédérale de Fortaleza et membre du Centre d'études de l'histoire de l'Église en Amérique latine.
1. J. O. Beozzo, *A Igreja do Brasil no Concilio Vatican II : 1959-1965*, São Paulo, Paulinas, 2005, p. 43.

# Événements survenus dans le monde, dans les Églises, au Brésil et dans la vie de Dom Helder pendant la période 1907-1999

| MONDE | ÉGLISES | BRÉSIL | DOM HELDER |
|---|---|---|---|
| **1907** | | | |
| | Pie X publie une encyclique contre le modernisme | | |
| **1909** | | | |
| | | | 7 février : naissance de Helder Camara |
| **1911** | | | |
| | Conférence missionnaire protestante d'Édimbourg, point de départ du mouvement œcuménique | | |
| **1914** | | | |
| Début de la Première Guerre mondiale | | | |
| **1918** | | | |
| Armistice | | | |
| **1922** | | | |
| En Italie, arrivée de Mussolini au pouvoir | | | |
| **1923** | | | |
| | | | Entrée au séminaire |
| **1929** | | | |
| Krach boursier | | | |
| **1931** | | | |
| | Pie XI publie l'encyclique *Quadragesimo anno* sur la doctrine sociale de l'Église | | Ordonné prêtre |
| **1933** | | | |
| Hitler devient chancelier du Reich, en Allemagne | | Naissance de l'Action intégraliste | Adhère à l'Action intégraliste |
| **1934** | | | |
| | | Nouvelle constitution Getulio Vargas est président | |
| **1936** | | | |
| Guerre civile en Espagne Le général Franco prend le pouvoir En France, Front populaire | | | Part à Rio de Janeiro |

| 1937 | | |
|---|---|---|
| | | Getulio Vargas obtient tous les pouvoirs et les gardera jusqu'en 1945 |
| **1939** | | |
| Deuxième Guerre mondiale | | |
| **1944** | | |
| | Fondation, à Taizé, en France, d'une première communauté autour de Roger Schutz | |
| **1945** | | |
| Mort d'Hitler Fin de la 2ᵉ Guerre mondiale Exécution de Mussolini | Naissance du mouvement *Pax Christi* | |
| **1948** | | |
| Assassinat de Gandhi | Fondation du Conseil œcuménique des Églises (COE) : 147 Églises de toute la chrétienté non catholique | |
| **1952** | | |
| | Helder Camara fonde la Conférence nationale des évêques du Brésil (CNBB) | Ordination épiscopale |
| **1953** | | |
| Mort de Staline | En France, l'abbé Pierre fonde les Chiffonniers d'Emmaüs | |
| **1955** | | |
| | Congrès eucharistique international à Rio. Helder Camara fonde le Conseil épiscopal latino-américain (CELAM) | Rencontre décisive avec le cardinal Gerlier et conversion aux pauvres |
| **1957** | | |
| Le traité de Rome fonde la Communauté économique européenne(CEE) | | |
| **1958** | | |
| En France, Vᵉ République | Mort de Pie XII Élection du cardinal Roncalli qui prend le nom de Jean XXIII | |
| **1959** | | |
| | Jean XXIII annonce le Concile | |
| **1960** | | |
| | | Brasília devient capitale |
| **1961** | | |
| Rupture entre les États-Unis et Cuba. Construction du mur de Berlin | | |

186

| | | | | |
|---|---|---|---|---|
| **1962** | | | | |
| | Ouverture du concile Vatican II Le COE envoie deux observateurs | | | |
| **1963** | | | | |
| | Jean XXIII publie l'encyclique *Pacem in Terris* Mort de Jean XXIII Le cardinal Montini devient pape et prend le nom de Paul VI 2ᵉ session du concile | | | |
| **1964** | | | | |
| | Création du Secrétariat pour les non-croyants | Coup d'État militaire | | Nommé archevêque d'Olinda et Recife |
| **1967** | | | | |
| | Paul VI publie l'encyclique *Populorum Progressio* sur le développement des peuples | | | Un groupe de frères de Taizé s'installe à Olinda |
| **1968** | | | | |
| Aux États-Unis, assassinat de Martin Luther King Printemps de Prague En France, Mai 68 | Conférence du CELAM à Medellín (Colombie) | | | |
| **1969** | | | | |
| L'homme sur la lune | | | | Assassinat du père Antonio Neto |
| **1973** | | | | |
| Putsch militaire au Chili et dictature du général Pinochet qui durera jusqu'en 1989 | | | | |
| **1976** | | | | |
| En Chine, mort de Mao Tsé-toung | | | | |
| **1977** | | | | |
| | | | | Crée dans son diocèse la commission Justice et Paix |
| **1978** | | | | |
| | Mort de Paul VI | | | Élection de Jean-Paul II |
| **1979** | | | | |
| Mère Teresa prix Nobel de la paix | Conférence du CELAM à Puebla (Mexique) | | | |
| **1983** | | | | |
| | | | | Ballet *Messe pour le Temps futur* avec Maurice Béjart |

| | | |
|---|---|---|
| **1984** | | |
| | | *Symphonie des Deux Mondes* avec le père Pierre Kaelin |
| **1985** | | |
| | Les civils reprennent le pouvoir | Prend sa retraite et assiste dès lors au démantèlement par son successeur de tout ce qu'il avait mis en place |
| **1989** | | |
| Chute du mur de Berlin | | |
| **1999** | | |
| | | 27 août : mort de Dom Helder |

# POUR ALLER PLUS LOIN
## UNE ASSOCIATION

*Dom Helder – Mémoire et actualité*

Cette association a été créée pour approfondir la pensée et pour-suivre l'œuvre de Dom Helder Camara à travers la publication de documents confiés par des particuliers, la réédition des œuvres de Dom Helder, la production de vidéos…
Elle a réalisé une exposition itinérante disponible sur demande : « Un prophète pour notre temps – Dom Helder Camara ».
Elle travaille en étroite collaboration avec l'association brésilienne Instituto Dom Helder Camara (IDHEC), dépositaire de « l'héritage » de Dom Helder.

Association « Dom Helder – Mémoire et actualité »
14 bis, rue Faidherbe, 59200 Tourcoing.
Tél. +33 (0)3 20 26 19 93
Fax +33 (0)3 20 27 73 58
domheldercamara@wanadoo.fr

# BIBLIOGRAPHIE

**Des livres de Dom Helder Camara en français**

*Lettres conciliaires (1962-1965),* en deux volumes ; version française sous la direction de José de Broucker, préface par le cardinal Roger Etchegaray, postface par Étienne Fouilloux, Éditions du Cerf.

Chaque nuit, au cours de ses « veilles », Dom Helder écrivait à sa « famille » de collaborateurs. Ces 270 circulaires constituent un véritable « journal » du concile et nous font entrer dans l'intimité du « Dom ».

*Les Conversions d'un évêque,* entretiens avec José de Broucker, Éditions du Seuil, 1977 ; L'Harmattan, 2002.

Au fil de ces entretiens, Dom Helder revit son parcours, les étapes marquantes de sa vie, ses découvertes, ses joies et ses souffrances... en attendant le *débarquement final.*

*À force d'amour,* Éditions Nouvelle Cité.

Des méditations au fil des jours et des rencontres quotidiennes.

*Prières à Marie,* Éditions Nouvelle Cité.

Pour découvrir, à travers ces prières, la relation simple et respectueuse que Dom Helder entretient avec Marie.

**Des livres sur Dom Helder Camara en français**

José de Broucker, *Les Nuits d'un prophète – Dom Helder Camara à Vatican II,* Éditions du Cerf, collection « L'Histoire à vif ».

Pendant quatre ans, Dom Helder a vécu le concile. Chaque nuit, il a écrit à sa « famille » : comptes rendus de ses lectures, de réunions, de rencontres, d'événements divers... C'est tout à la fois le journal du concile et son journal personnel. José de Broucker, qui a bien connu Dom Helder, trace ici un portrait de l'archevêque de Recife et propose une clé pour entrer dans l'univers des *Lettres conciliaires.*

Richard Marin, *Dom Helder Camara, les puissants et les pauvres,* Éditions de l'Atelier.

Une étude très complète sur le contexte dans lequel Dom Helder a vécu et agi, et sur son action elle-même.

Marie-Jo Hazard, *Prier 15 jours avec Dom Helder Camara,* Éditions Nouvelle Cité.

Quinze jours, quinze thèmes : tel est le principe de la collection. Quinze thèmes pour découvrir Dom Helder Camara, se laisser interpeller par lui et élargir sa prière aux dimensions du monde.

**Des vidéos**

Deux vidéos « Voir & Dire », éditées par Le Jour du Seigneur, diffusées par La Procure.

*Mise en page :* Imprimerie La Botellerie
49320 Vauchrétien

*Illustration de couverture :* Jean-Paul MINSTER

---

Achevé d'imprimer en avril 2008 aux Ateliers Kerdoré
pour le compte des Éditions Siloë
4, rue Souchu-Servinière, 53000 Laval
sur les presses de l'imprimerie Barnéoud, Laval

N° d'éditeur : 530804336                   Dépôt légal : mai 2008